2020
LE PETIT COMPTA

L'ESSENTIEL EN BREF

C.-É. Godard
S. Godard
P. Pinteaux

DUNOD

LISTE DES ABRÉVIATIONS UTILISÉES DANS CET OUVRAGE

- ABS : Autres biens et services
- AGO : Assemblée générale ordinaire
- ANC : Autorité des normes comptables
- CAR : Charges à répartir
- CCA : Charges constatées d'avance
- CMP : Coût moyen pondéré
- CNC : Conseil national de la comptabilité
- CRC : Comité de la réglementation comptable
- EAP : Effets à payer
- EAR : Effets à recevoir
- ECA : Ecart de conversion actif
- ECP : Ecart de conversion passif
- ETS : Établissement
- HT : Hors taxes (signifiant souvent hors TVA)
- IASB : International accounting standards board (comité exécutif de la fondation des normes comptables internationales)
- IFRS : International financial reporting standards (Normes internationales de présentation de l'information financière)
- IR : Impôt sur le revenu
- IS : Impôt sur les sociétés
- LASM : Livraison à soi-même
- PCA : Produits constatés d'avance
- PCEA : Produits des cessions d'éléments d'actifs
- PCG : Plan comptable général
- PME : Petites et moyennes entreprises
- PEPS : Premier entré, premier sorti
- RAN : Report à nouveau
- RRR : Rabais, remises et ristournes
- TTC : Toutes taxes comprises (TVA incluse)
- TVA : Taxe sur la valeur ajoutée
- VB : Valeur brute
- VCEAC : Valeurs comptables des éléments d'actifs cédés
- VMP : Valeurs mobilières de placement
- VN : Valeur nominale
- VNC : Valeur nette comptable
- VR : Valeur résiduelle

© Dunod, 2020
11 rue Paul Bert, 92240 Malakoff
www.dunod.com
ISBN 978-2-10-080469-6

80469 - (I) - OSB 80 - P2603 - PCA - SPU
Imprimerie CHIRAT - 42540 Saint-Just-la-Pendue
Dépôt légal : février 2020
Imprimé en France

SOMMAIRE

1 CADRE DE LA COMPTABILITÉ

Rôles de la comptabilité

- Instrument obligatoire pour tout commerçant personne physique ou morale.
- Instrument de preuve entre commerçants.
- Instrument d'informations des tiers (banques, clients, fournisseurs, État, personnel).
- Instrument de gestion, de contrôle et d'aide à la décision.
- Instrument de calcul des assiettes fiscales et sociales.

Principales sources et normalisation

Sources internationales	Sources nationales
Les IFRS : normes comptables internationales élaborées par l'IASB	• Le Code de commerce • Le PCG (réglement ANC(1) n° 2014-03) • Le Recueil des normes comptables françaises

(1) Créée en 2009, l'ANC a remplacé les deux organes de normalisation qu'étaient le CNC et le CRC.

- La normalisation comptable :
  - est un processus de construction d'un ensemble de normes comptables motivé par l'harmonisation de l'information financière ;
  - se traduit concrètement par une convergence des règles françaises vers les normes internationales.

Cadre comptable français

	Objectifs
Image fidèle	Image la plus objective
Sincérité	Comptes établis de bonne foi
Régularité	Conformité aux règles
	Principes comptables
Prudence	Éviter le transfert sur le futur de risques et de pertes présentes
Indépendance des exercices	Rattachement des charges et des produits au résultat d'un exercice donné
Non-compensation	Évaluation séparée des éléments d'actif et de passif, des charges et des produits
Continuité de l'exploitation	L'entreprise est présumée poursuivre ses activités
Coûts historiques	Enregistrement des biens acquis à titre onéreux au coût d'acquisition et maintien au bilan pour cette valeur
Permanence des méthodes	Pas de changements de méthodes d'un exercice à l'autre sauf exceptions
Intangibilité du bilan d'ouverture	Le bilan d'ouverture d'un exercice doit correspondre au bilan de clôture de l'exercice précédent
Importance relative	Appréciation de l'objectif de sincérité en fonction de la réalité et de l'importance des évènements enregistrés

Le principe de prééminence de la réalité (économique) sur l'apparence (juridique) d'une opération n'est pas applicable dans les comptes individuels (comptes sociaux) des entreprises.

▶ Organisation de la comptabilité

- L'enregistrement en comptabilité se fait à partir de pièces justificatives (pièces de caisse, factures...) selon l'ordre suivant :

1. **Enregistrement des opérations au journal**
   Document obligatoire constatant chronologiquement les écritures. Il peut être subdivisé en journaux auxiliaires
2. **Report dans le grand-livre**
   Document obligatoire regroupant l'ensemble des comptes de l'entreprise ainsi que les mouvements les affectant. Il peut être subdivisé en livres auxiliaires
3. **Établissement de la balance**
   Document non obligatoire faisant ressortir pour chaque compte les montants totaux des débits et des crédits ainsi que le solde débiteur ou créditeur
4. **Réalisation des documents de synthèse**
   Comptes annuels : bilan, compte de résultat et annexe

- La comptabilité peut être tenue manuellement mais, le plus souvent, elle est informatisée. Dans ce cas, le comptable se contente d'effectuer l'étape 1, qui elle aussi se dématérialise et s'automatise de plus en plus. Le reste s'effectue automatiquement par un logiciel ou un progiciel de gestion intégré.

▶ Principales obligations des entreprises

- Conservation des documents comptables pendant 10 ans.
- Tenue et conservation d'un document décrivant les procédures et l'organisation comptable aussi longtemps qu'est exigée la présentation des documents comptables auxquels il se rapporte.
- En matière de comptabilité informatisée :
  - établissement d'états périodiques numérotés et datés récapitulant toutes les données entrées, sans possibilité de suppression ou d'ajouts ultérieurs ;
  - validation périodique des enregistrements comptables ;
  - existence d'un chemin de révision permettant à tout moment de reconstituer les comptes ou les états à partir des données ;
  - existence d'un droit d'accès à la documentation relative aux analyses, à la programmation et à l'exécution des traitements.

▶ Contrôle de la comptabilité

Il s'effectue par :

- le comptable de l'entreprise à travers le contrôle interne c'est-à-dire l'ensemble des sécurités contribuant à la maîtrise de l'entreprise (procédures, séparation des fonctions...) ;
- l'expert-comptable dans le cadre d'une mission contractuelle à l'issue de laquelle il délivre une attestation (intervention facultative) ;
- le commissaire aux comptes dans le cadre d'une mission légale de certification des comptes annuels (intervention obligatoire dans les sociétés anonymes et dans certaines entités dépassant des seuils juridiques).

Le patrimoine de l'entreprise

Bilan	• Document produit par la comptabilité générale qui mesure et analyse le patrimoine de l'entreprise • Composé d'actifs et de passifs • La valeur du patrimoine de l'entreprise correspond aux capitaux propres. Elle s'obtient aussi par différence entre les actifs et les passifs
Actifs	Éléments identifiables, contrôlés par l'entreprise et lui procurant des avantages économiques
Passifs	• Ressources à disposition de l'entreprise • Se composent : – des capitaux propres : essentiellement, les apports des propriétaires de l'entreprise et les bénéfices réalisés ; – des passifs externes : obligations de l'entreprise à l'égard des tiers, qui conduiront de façon probable ou certaine à une sortie de ressources, sans contrepartie au moins équivalente attendues de ces tiers (dettes, provisions et charges à payer).

Structure générale du bilan en tableau :

ACTIF	Exercice N			Exercice N–1
	Brut	Amortissements et dépréciations	Net	Net
Actif immobilisé(1)				
Actif circulant(2)				
Comptes de régularisation				
Total général				

(1) Il comprend les immobilisations incorporelles, corporelles et financières.

(2) Il comprend les stocks, les avances et les acomptes versés sur commandes, les créances, les valeurs mobilières de placement et les disponibilités.

PASSIF	Exercice N	Exercice N–1
Capitaux propres		
Provisions		
Dettes		
Comptes de régularisation		
Total général		

La mesure de la performance de l'entreprise

- **Bilan :** fait apparaître dans les capitaux propres le résultat de l'entreprise mais n'explique pas comment il a été obtenu. Pour cela, la comptabilité financière produit un autre document de synthèse appelé compte de résultat.
- **Compte de résultat :** document de synthèse qui regroupe la totalité des produits et des charges de l'exercice, sans qu'il soit tenu compte de leur date d'encaissement ou de paiement.

Résultat de l'exercice comptable = Produits – Charges

- **Produit** : ressource interne correspondant à un enrichissement de l'entreprise ; comptabilisé en classe 7 du PCG.
- **Charge** : emploi définitif correspondant à un appauvrissement de l'entreprise ; comptabilisée en classe 6.

• Structure du compte de résultat en tableau :

Charges		Produits	
Charges d'exploitation Charges financières Charges exceptionnelles Participation des salariés aux résultats Impôts sur les bénéfices		Produits d'exploitation Produits financiers Produits exceptionnels	
Total des charges		Total des produits	
Solde créditeur = bénéfice		Solde débiteur = perte	
Total général		Total général	

▶ Relation fondamentale

Variation des capitaux propres (bilan) de l'exercice provenant de l'activité de l'entreprise[1]
= Résultat (bilan et compte de résultat)
= Produits – Charges (compte de résultat)

(1) Hors variations externes comme des apports nouveaux des associés par exemple.

▶ L'écriture comptable

• La comptabilité financière a pour rôle de mémoriser des flux économiques résultant d'échanges de l'entreprise avec ses partenaires.

• Chaque écriture comptable précise, avec un instrument appelé compte : le montant, l'origine (ressource ou crédit) et la destination (emploi ou débit) du flux, ainsi que les références de la pièce justificative qui l'appuie.

Catégories d'emplois et de ressources	
Emplois intermédiaires (les actifs)	Emplois subsistant dans le patrimoine de l'entreprise et qui peuvent constituer une ressource pour un flux ultérieur
Emplois définitifs (les charges)	Emplois consommés
Ressources externes (le capital et les dettes)	Ressources remboursables sur une échéance plus ou mois lointaine
Ressources internes (les produits)	Ressources générées par l'activité de l'entreprise

• Principe de la **partie double** :

– chaque flux donne lieu à un double enregistrement car tout emploi est financé par une ressource et inversement ;

– pour chaque opération : **Emplois = Ressources**.

Exemple avec une vente de marchandises d'une valeur de 1 000 € HT à un client réglant la moitié au comptant :

	date		
411	Clients (1 000 ×1,2 × ½)	600	
512	Banque (1 000 × 1,2 × ½)	600	
707	Ventes de marchandises (HT)		1 000
44571	TVA collectée (1 000 × 0,20)		200
	Facture de vente n°…		

Débits = **Crédits**

3 OPÉRATIONS D'ACHAT-VENTE

▶ Le processus commercial

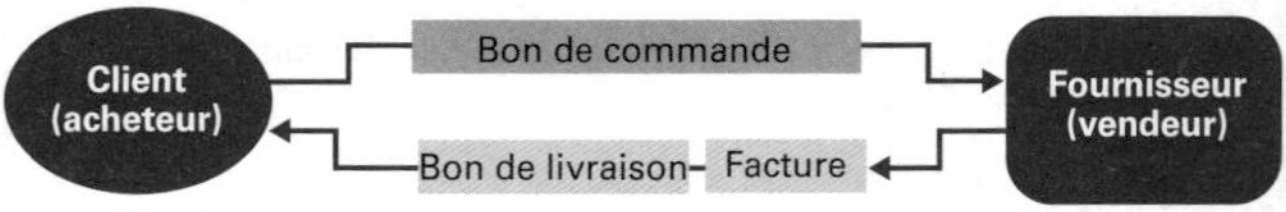

- La facture est un document commercial obligatoire entre le vendeur et l'acheteur. Chacun doit en avoir un exemplaire. Plusieurs mentions sont obligatoires.
- Les conditions de vente précisent notamment les modalités de paiement des biens et services vendus mais également les réductions applicables.

▶ Les réductions

Réductions	Type et facturation
Trois réductions commerciales accordées par le fournisseur	• **Rabais** : accordé exceptionnellement en cas de produit non conforme • **Remise** : accordée en cas de vente importante ou pour récompenser la fidélité • **Ristourne** : accordée en fin de période selon le volume des ventes Les rabais et remises peuvent figurer sur une facture de doit ou d'avoir alors que les ristournes font uniquement l'objet d'une facture d'avoir
Une réduction financière	• **Escompte de règlement accordé par le fournisseur** : pour paiement comptant ou anticipé si les conditions de vente le prévoient • Il peut figurer sur une facture de doit ou faire l'objet d'une facture d'avoir[1]

(1) Il peut également être net de taxe (escompte conditionnel) et ne pas faire l'objet d'une facture d'avoir à condition que la facture de doit le spécifie expressément.

▶ Facture de doit et comptabilisation

Facture de doit	• Traduit une vente (à crédit ou au comptant) pour le vendeur : il a une créance sur l'acheteur ou réalise un encaissement • Traduit un achat pour l'acheteur : il a une dette vis-à-vis du vendeur ou réalise un décaissement
	• Structure type d'une facture de doit : **Brut HT** – Réduction(s) commerciale(s) = Brut × taux = **Net commercial** – Réduction financière = Net commercial × taux = **Net financier** + TVA = Net financier × taux TVA = **Net à payer TTC**
	• Critères d'enregistrement : – nature de l'activité de l'entreprise (industrielle, commerciale, service) et de l'opération (livraison de biens ou prestation de services) :

Compte 701	Ventes de produits finis ⇒ Provient d'un processus de production
Compte 706	Prestations de services ⇒ À caractère immatériel
Compte 707	Ventes de marchandises ⇒ Vente en l'état

<table>
<tr>
<td>Facture de doit</td>
<td>
– nature de l'acquisition : matières premières, fournitures (stockées ou non) ou marchandises :
<table>
<tr><td>Compte 601</td><td>Achats stockés – Matières premières = Biens destinés à être transformés</td></tr>
<tr><td>Compte 602</td><td>Achats stockés – Autres approvisionnements = Matières et fournitures consommables stockables</td></tr>
<tr><td>Compte 606</td><td>Achats non stockés de matières et fournitures = Biens non stockables et non stockés ainsi que les petits équipements non immobilisés</td></tr>
<tr><td>Compte 607</td><td>Achats de marchandises = Biens destinés à être revendus en l'état</td></tr>
</table>
– enregistrement du net commercial (pas d'enregistrement des réductions commerciales) ;
– enregistrement distinct de la réduction financière(1) et de la TVA(2) ;
– même en cas de règlement comptant, il est recommandé de séparer l'opération d'achat-vente de son règlement.
</td>
</tr>
</table>

(1) L'escompte de règlement ne s'enregistre pas distinctement chez l'acheteur lors de l'acquisition d'une immobilisation car il vient en diminution du coût d'entrée comptabilisé. (2) Les droits de douane (importation) s'ajoutent au prix d'achat et majorent le net commercial à enregistrer lors de l'achat.

• Écriture type chez le vendeur :

	date		
411/512	Clients ou banque	X	
665	Escomptes accordés	X	
7...	Compte de produits...		X
44571	TVA collectée		X
	Facture n°...		

• Écriture type chez l'acheteur :

	date		
6...	Compte de charges...	X	
44566	TVA déductible sur ABS	X	
765	Escomptes obtenus		X
401/512	Fournisseurs ou Banque		X
	Facture n°...		

▶ Facture d'avoir et comptabilisation

Aspects juridiques	• Émise par le vendeur, elle matérialise une dette envers l'acheteur • Traduit pour l'acheteur une créance sur le vendeur
Cas d'application	• Retour d'articles (la facture d'avoir reprend les mêmes réductions que la facture de doit) • Attribution postérieure de réductions commerciales ou financières

• Retour d'articles chez le vendeur :

	date		
7..	Compte de produits	X	
44571	TVA collectée	X	
411/512	Clients ou Banque		X
	Facture d'avoir n°...		

• Retour d'articles de l'acheteur :

	date		
401/512	Fournisseurs ou Banque	X	
6...	Compte de charges		X
44566	TVA déductible sur ABS		X
	Facture d'avoir n°...		

- Réductions supplémentaires du vendeur :

	date		
709/665	RRR accordées ou Escomptes accordés	X	
44571	TVA collectée	X	
411/512	Clients ou Banque		X
	Facture d'avoir n°...		

- Réductions supplémentaires chez l'acheteur :

	date		
401/512	Fournisseurs ou Banque	X	
609/765	RRR obtenus ou Escomptes obtenus		X
44566	TVA déductible sur ABS		X
	Facture d'avoir n°...		

Les comptes 709 ou 609 permettent d'obtenir le montant net du chiffre d'affaires ou des approvisionnements.

Les principaux frais accessoires

À l'exception des emballages consignés, les frais accessoires sont :
- facturés au client par le vendeur ;
- inscrits chez l'acheteur en charges externes (comptes 61 ou 62). Il est également possible d'utiliser des subdivisions du compte 608.

	Chez le vendeur	**Chez l'acheteur**
Port	• Crédit du compte 7085 «Ports et frais accessoires facturés» • Soumis à TVA	• Débit du compte 624 « Transports... » • TVA déductible
Assurance	• Crédit d'une subdivision du compte 708	• Débit d'une subdivision du compte 616 « Primes d'assurances »
Emballages	• À la consignation : crédit du compte 4196 « Clients - Dettes sur emballages et matériels consignés »	• À la consignation : débit du compte 4096 « Fournisseurs - Créances pour emballages et matériels à rendre»
	• À la déconsignation : le compte 4196 est débité pour le solder	• À la déconsignation : le compte 4096 est crédité pour le solder

Les avances et acomptes

À la commande (ou paiements fractionnés)	**Au paiement du solde de la facture**
• Paiements anticipés intervenant : – avant le début de l'exécution de la commande = avances ; – pendant l'exécution de la commande = acomptes. • La vente est définitivement conclue (≠ arrhes)	
Chez le vendeur : – débit d'un compte de trésorerie ; – crédit du compte 4191 « Clients - Avances et acomptes reçus sur commandes ».	**Chez le vendeur :** débit du compte 4191 pour le solder
Chez l'acheteur(1) : – débit du compte 4091 « Fournisseurs - Avances et acomptes versés sur commandes » ; – crédit d'un compte de trésorerie.	**Chez l'acheteur**(1) : crédit du compte 4091 pour le solder

(1) Pour les avances et acomptes sur immobilisations, *voir fiche 8.*

▶ La TVA collectée

- Elle est collectée par l'entreprise lors de la réalisation d'opérations taxables : **Base** × **Taux**.

Base taxable à la TVA	
	Prix de vente hors TVA
+	Frais accessoires (emballages perdus, transport…)
+	Frais fiscaux (droits de douane…)
–	Réductions commerciales et escomptes de règlement

Principaux taux de TVA	
Normal 20 %	Opérations ne relevant pas des autres taux
Intermédiaire 10 %	Restauration, vente de produits alimentaires préparés, transports…
Réduit 5,5 %	Alimentaire de première nécessité, abonnements énergétiques…

- Comptabilisation :
  - en pratique à **la date de facturation** pour les livraisons de biens meubles corporels et prestations de services avec option d'après les débits du prestataire :

	date		
4 ou 5..	Comptes de tiers ou comptes financiers	X	
44571	TVA collectée		X
7…	Compte de produits correspondants		X
	N° de facture		

  - à **la date d'encaissement** pour les prestations de services sans option d'après les débits :

	date		
411	Clients	X	
4458	TVA à régulariser		X
706	Prestations de services		X
	N° de facture		

	date		
5..	Comptes financiers	X	
4458	TVA à régulariser	X	
44571	TVA collectée		X
411	Clients		X
	Référence de l'encaissement		

- Les avances et acomptes reçus :

Ventes de biens	Paiement HT : aucune TVA collectée
Prestations de services	Paiement TTC même en cas d'option d'après les débits : TVA collectée

	date		
5..	Comptes financiers	X	
4458	TVA à régulariser (si prestations)	X	
44571	TVA collectée (si prestations)		X
4191	Clients – Avances et acomptes reçus sur commandes		X
	Référence de l'encaissement		

- Les opérations :

Taxables = TVA collectée	• Livraisons de biens meubles corporels • Prestations de services • Livraisons à soi-même de biens • Acquisitions intracommunautaires de biens • Importations • Cessions de biens mobiliers d'investissement sauf si la TVA initialement facturée n'a pas été intégralement déduite • Livraisons d'immeubles neufs et cessions d'immeubles dans les 5 ans de l'acquisition
Exonérées = aucune TVA collectée	• Exportations de biens • Livraisons intracommunautaires de biens • Prestations de services hors de France sauf exceptions • Cessions d'immeubles achevés depuis plus de 5 ans sauf exception

▶ La TVA déductible

- Elle est déduite et comptabilisée au jour de la facturation (immobilisation ou charge).

	date		
2...	Compte d'immobilisations	X	
44562	TVA déductible sur immobilisations	X	
4 ou 5..	Compte de tiers ou financiers		X
	N° de facture		
	date		
6..	Compte de charges	X	
44566	TVA déductible sur ABS	X	
4 ou 5..	Compte de tiers ou financiers		X
	N° de facture		

- Pour les prestations de services pour lesquelles le prestataire relève du régime des encaissements, la TVA est déduite lors du paiement. À la facturation, elle est provisoirement enregistrée dans un compte de TVA à régulariser.

Cas particuliers	
Restriction du droit à déduction	• TVA facturée non déductible car coeff. d'admission = 0 (véhicule de tourisme, entretien et essence associés…). Les charges ou les immobilisations sont enregistrées TTC • TVA facturée partiellement déductible car coeff. d'admission < 1 (gazole à 80 % pour un véhicule non utilitaire…). Seule la partie déductible est enregistrée en TVA déductible
Acquisitions intracommunautaires	• La TVA est collectée (compte 4452) et déduite (comptes 44562 ou 44566) à la facturation sauf exception • L'ANC recommande de subdiviser les comptes d'achats-ventes et clients-fournisseurs avec un 2 en 5e position du numéro de compte
Importations	La TVA est collectée lors du dédouanement et ne figure pas sur la déclaration CA3. Elle est par contre déduite normalement(1)
LASM de biens immobilisés	La production immobilisée (compte 72) entraîne de la TVA collectée et de la TVA déductible lors de la 1re utilisation de l'immobilisation
Cessions d'immobilisations	Elles peuvent provoquer des régularisations globales de la TVA déduite : – complément de déduction lors de la cession d'un véhicule de tourisme sous condition d'option (soumission de la cession à la TVA) ; – reversement de TVA lors de la cession d'un immeuble acquis depuis plus de 5 ans.

(1) Système de l'autoliquidation possible sur option.

▶ Déclaration et comptabilisation

- La TVA est supportée par le consommateur final. Elle est neutre pour l'entreprise sauf cas particuliers réduisant le droit à déduction.
- La déclaration de TVA (imprimé CA3) est mensuelle.

TVA collectée – TVA déductible =
TVA à décaisser

	Fin du mois M		
44571	TVA collectée en M	X	
44562	TVA déductible sur immobilisations du mois M		X
44566	TVA déductible sur autres biens et services du mois M		X
4455	**TVA à décaisser**		X
	Liquidation de la TVA du mois M		

- Le paiement de la **TVA à décaisser** a lieu au cours du mois suivant (date variable selon les entreprises et leur localisation) :

	Mois M+1		
4455	TVA à décaisser	X	
5..	Comptes financiers		X
	Paiement de la TVA du mois M		

- La TVA est obligatoirement télédéclarée et télépayée pour les entreprises.
- Quand la TVA déductible est supérieure à la TVA collectée, l'entreprise dispose d'un crédit de TVA :

	Fin du mois M		
44571	TVA collectée en M	X	
44567	**Crédit de TVA à reporter**	X	
44562	TVA déductible sur immobilisations du mois M		X
44566	TVA déductible sur autres biens et services du mois M		X
	Liquidation de la TVA du mois M		

- Le crédit de TVA du mois M représente une créance qui est reportée sur le ou les mois suivants jusqu'à son épuisement.

TVA collectée – TVA déductible – Crédit de TVA =
TVA à décaisser

- Le crédit de TVA peut sous conditions faire l'objet d'un remboursement annuel, trimestriel ou mensuel.

Certaines petites entreprises relevant :
- du **régime simplifié d'imposition**, payent leur TVA avec 2 acomptes provisoires durant l'année et un solde lors de leur déclaration annuelle unique de TVA (imprimé CA12) ;
- de **la franchise de TVA**, n'ont aucune déclaration à effectuer. Elles ne collectent pas la TVA et ne peuvent pas la déduire.

Éléments constitutifs de la paie

- Le **salaire brut** correspond au total des éléments de rémunération soumis aux cotisations sociales. Il comprend notamment le salaire de base, la prime d'ancienneté, la rémunération des heures supplémentaires, les primes périodiques ou exceptionnelles…
- L'emploi de salariés impose la conservation du double des bulletins de paie et le paiement de cotisations sociales. Les **cotisations sociales** sont de deux types :

Nature	À la charge	Assiette de calcul
Retenues salariales	Des salariés	• Assiette = salaire brut + accessoires du salaire (indemnités, primes…)
		• Cette assiette de calcul est limitée à un « plafond » ou à une « tranche » pour certaines cotisations
Charges sociales patronales	Des employeurs	• Exonérations : les heures supplémentaires (exonération partielle [1]), certaines indemnités et primes (remboursement de frais professionnels, indemnité de licenciement…)

(1) Pour les entreprises qui emploient moins de 20 salariés.

Principe de calcul des cotisations sociales

Salaire brut		Taux
Tranche A	Tranche B	
Salaire limité au plafond de Sécurité sociale[1]	Salaire au-delà du plafond de Sécurité sociale[1]	• Différents selon les cotisations • Variables dans le temps • S'appliquent suivant le cas : – au salaire brut (déplafonné) ; – à la tranche A (salaire plafonné) ; – à la tranche B (au-delà du plafond de Sécurité sociale[1]).

(1) Le plafond de Sécurité sociale est fixé par décret pour l'année civile. Il constitue la limite au-delà de laquelle les rémunérations ne donnent pas lieu à cotisations plafonnées de Sécurité sociale. On parle parfois de tranche C au-delà de 4 fois le plafond de Sécurité sociale (pour les cadres supérieurs).

Étapes de la comptabilisation

- **Enregistrement des salaires bruts :**

		Mois M		
641		Rémunérations du personnel	X	
	421	Personnel - Rémunérations dues		X
		Salaires bruts		

- **Enregistrement des retenues salariales :**

		Mois M		
421		Personnel - Rémunérations dues	X	
	442	État - Impôts et taxes recouvrables par des tiers[1]		X
	431	Sécurité sociale		X
	437	Autres organismes sociaux		X
		Précompte salarial		

(1) Pour le prélèvement à la source de l'impôt sur le revenu.

- **Enregistrement des charges patronales :**

		Mois M		
645		Charges de Sécurité sociale et de prévoyance	X	
	431	Sécurité sociale		X

437	Autres organismes sociaux *Charges patronales*		X

- **Paiement des salaires nets :**

	Mois M		
421	Personnel - Rémunérations dues	X	
512	Banque		X
	Pour solde du compte débité		

- **Paiement des cotisations sociales :**

	Mois M+1		
442	État - Impôts et taxes recouvrables par des tiers	X	
431	Sécurité sociale	X	
437	Autres organismes sociaux	X	
512	Banque		X
	Règlements n°...		

- Les dates de paiement de la paie et des cotisations dépendent de l'effectif et/ou des options sociales formulées par l'entreprise.

▶ Acomptes et oppositions sur salaires

Comptabilisation	Comptes débités	Comptes crédités
Versement de l'acompte	425 « Personnel - Avances et acomptes »	512 « Banque »
Au moment de l'enregistrement de la paie	421 « Personnel - Rémunérations dues »	425 « Personnel - Avances et acomptes » 427 « Personnel - Oppositions »
Au moment du versement aux tiers bénéficiaires des oppositions sur salaires	427 « Personnel - Oppositions »	512 « Banque »

▶ Éléments de comptabilisation des taxes assises sur les salaires

Nature	Compte de charge concerné(1) (2)	Dépenses libératoires	
		Versements ou subventions	Dépenses d'action interne ou externe
Taxe sur les salaires	6311		
Taxe d'apprentissage	6312	6335	Dépenses à comptabiliser en fonction de leur nature : charge, prêt, immobilisation...
Participation des employeurs à la formation professionnelle continue	6313	6333	
Participation des employeurs à l'effort de construction	6334	6334	

(1) La contrepartie figure au crédit du compte 447 « Autres impôts, taxes et versements assimilés ».

(2) Ces taxes font l'objet de régularisation lors des opérations d'inventaire.

▶ Autres produits d'exploitation

Subvention d'exploitation

- Permet de faire face à certaines charges ou de compenser l'insuffisance de produits d'exploitation.
- Si octroi puis encaissement :

Compte	Libellé	Débit	Crédit
	date		
441	État – Subventions à recevoir	X	
74	Subventions d'exploitation		X
	Octroi		
	date		
512	Banque	X	
441	État – Subventions à recevoir		X
	Versement		

- Si octroi et encaissement concomitants : une seule écriture (compte 512 à compte 74) suffit.

Produits divers de gestion courante

Compte 751	Enregistre les redevances perçues de concession d'exploitation d'actifs incorporels (brevets…)
Compte 752	Enregistre les revenus des immeubles ne provenant pas des activités usuelles de l'entreprise
Compte 758	Enregistre les différences de règlement liées aux créances et dettes (différence positive d'arrondi lors des déclarations fiscales et sociales par exemple)

▶ Autres charges d'exploitation

Charges externes

Comptes 61 et 62	Enregistrent les services auxquels l'entreprise a recours : crédit-bail, locations, primes d'assurance, honoraires, publicité, transport, frais postaux…
Compte 63	Enregistre les impôts et taxes (taxe sur salaires, contribution économique territoriale, droits d'enregistrement…) à l'exception de l'IR, de l'IS et la TVA

Le cas du crédit-bail (compte 612)

- Location de biens mobiliers ou immobiliers avec une option d'achat au terme de la location.
- Représente un moyen de financement particulier des immobilisations (loyers et achat à terme).
- Le locataire utilise le bien comme un propriétaire et en assume les risques.
- À la conclusion du contrat :

Compte	Libellé	Débit	Crédit
	date		
275	Dépôts et cautionnements versés	X	
512	Banque		X
	Versement du dépôt de garantie		

- Redevances périodiques (loyers) :

Compte	Libellé	Débit	Crédit
	date		
612	Redevances de crédit-bail	X	
44566	TVA déductible sur ABS	X	
512	Banque		X
	Redevance pour la période…		

- À l'inventaire :
  - régularisation (charges à payer ou charges constatées d'avance) des redevances ;
  - renseignements en annexe (valeur, redevances payées...) des biens pris en crédit-bail.
- Lors de la levée d'option :

	date		
2...	Comptes d'immobilisations	X	
44562	TVA déductible sur immobilisations (sauf exception)	X	
275	Dépôts et cautionnements versés		X
512	Banque (ajustement éventuel)		X
	Acquisition par levée d'option...		

Si le locataire ne lève pas l'option d'achat, seule l'écriture de récupération du dépôt est enregistrée.

Autres charges de gestion courante

Compte 651	Enregistre les redevances payées par l'entreprise pour l'utilisation d'actifs incorporels (brevets...)
Compte 653	Enregistre le montant brut des jetons de présence alloués aux dirigeants par l'AGO des associés
Compte 658	Rôle identique au compte 758 mais pour les différences négatives

▶ Produits et charges financiers

- Comptes 76 et 767/667 ⇒ *Se reporter à la fiche 12, Portefeuille-titres.*
- Compte 661 ⇒ *Se reporter à la fiche 15, Financement de l'entreprise.*
- Comptes 765/665 ⇒ *Se reporter à la fiche 3, Opérations d'achat-vente.*
- Comptes 766/666 ⇒ *Se reporter à la fiche 14, Créances et dettes.*

▶ Produits et charges exceptionnels

Subvention d'investissement

Définition	Financement partiel ou total des immobilisations
Comptabilisation	• Immédiate en produit (compte 777) ou • Étalement par inscription en capitaux propres :

Opérations	Débit	Crédit
Octroi[1]	Compte 441	Compte 131
Versement[1]	Compte 512	Compte 441
À chaque Inventaire[2]	Compte 139	Compte 777
Au terme	Compte 131	Compte 139

(1) Une seule écriture si l'octroi et le versement sont concomitants.
(2) Étalement de la subvention :
– même rythme que les amortissements pour les immobilisations amortissables ;
– selon la durée d'inaliénabilité (à défaut 10 ans) pour les immobilisations non amortissables.

Autres comptes

Compte 6712	Enregistre les pénalités, les amendes fiscales et pénales...
Comptes 6713 et 7713	• Enregistrent le mécénat (dons perçus en 7713 et versés en 6713). L'entreprise peut aussi utiliser le compte d'exploitation 6238 • La réduction d'impôt sur les bénéfices peut être comptabilisée au crédit du compte 695 par le débit du 444
Comptes 7715	Enregistre la compensation partielle ou totale d'une perte globale et se traite de façon identique à une subvention d'exploitation
Comptes 675 et 775	*Voir les fiches 11 Sortie des immobilisations et 12 Portefeuille-titres*

7 IMMOBILISATIONS INCORPORELLES

▶ Définition, critères et traitement

Définition	Actif non monétaire sans substance physique destiné à servir l'activité de l'entreprise de façon durable
Critères cumulatifs à respecter	• Identification • Contrôle par l'entreprise • Source d'avantages économiques futurs • Coût mesurable de façon fiable
Coût d'entrée	• Règles des immobilisations corporelles • Existence de nombreuses particularités
Amortissement	Si l'utilisation de l'immobilisation incorporelle est déterminable et limitée dans le temps
Approche par composants	Aucune, la décomposition concerne exclusivement les immobilisations corporelles

▶ Frais d'établissement (compte 201)

Définition	Dépenses engagées pour des opérations qui conditionnent l'existence ou le développement de l'entreprise et dont le montant ne peut pas être rapporté à des productions déterminées
Nature	• **Dépenses externes telles :** – les frais de formalité légale – les honoraires des conseils – les frais de communication et de publicité
Traitement comptable	• **Frais de constitution de sociétés :** – charges (méthode de référence)(1) ; – actif incorporel sur décision de gestion(2). • **Frais d'augmentation de capital :** – imputation sur la prime d'émission par méthode préférentielle ; – actif incorporel sur décision de gestion(2). • **En cas d'activation en frais d'établissement :** – comptabilisation directe des frais au compte 201 ou par l'intermédiaire du compte 72 « Production immobilisée » ; – amortissement linéaire sur 5 ans au maximum.

(1) Méthode conduisant à une meilleure information financière.

(2) Possibilité offerte par le Code de commerce car ces frais ne répondent pas aux critères généraux de définition et de comptabilisation d'un actif.

▶ Frais de recherche et développement (compte 203)

Frais pouvant être activés au compte 203 sur option(1)	Uniquement les coûts de développement(1) : – correspondant à des projets nettement individualisés ayant de sérieuses chances de réussite technique et de rentabilité commerciale ; – respectant cumulativement six conditions : • faisabilité technique nécessaire à l'achèvement de l'immobilisation ; • intention d'achever l'immobilisation ; • capacité à utiliser ou à vendre l'immobilisation ; • ressources disponibles et appropriées pour achever l'immobilisation ; • production d'avantages économiques futurs ; • évaluation fiable des dépenses.

(1) Leur inscription à l'actif est la méthode de référence.

		date		
203		Frais de recherche et de développement	X	
	721	Production immobilisée		X
		Coûts de développement		

Traitement des autres frais	Sont traités comme des charges de l'exercice : – les frais de recherche – les frais engagés dans le cadre d'une commande client[1]

(1) Frais à prendre dans l'évaluation des stocks si la commande n'est pas terminée lors de l'inventaire.

▶ Concessions et droits similaires (compte 205)

Logi-ciels(1)	• **Acquis pour un usage interne :** – comptabilisés en charges si valeur non significative (< à 500 € HT au plan fiscal) ; – amortissement comptable sur la durée réelle d'utilisation à compter de la date d'acquisition ; – la possibilité d'amortissement exceptionnel fiscal sur 12 mois a été supprimée pour les logiciels acquis à partir du 1/01/2017. • **Créés pour un usage interne :** – immobilisation obligatoire quand les conditions sont remplies (sérieuse chance de réussite technique et intention de l'entreprise de se servir durablement du logiciel) ; – coût d'entrée correspondant à la somme des dépenses liées à l'analyse organique, à la programmation, aux tests et jeux d'essais et à la documentation ; – amortissement comptable à compter de la date d'achèvement du logiciel même si les dépenses ont été inscrites en immobilisations en cours.
Sites Internet	• **Sites passifs :** dépenses en charges de l'exercice car ils ne participent pas aux systèmes d'information ou commerciaux de l'entreprise • **Sites actifs acquis :** règles des logiciels acquis • **Sites actifs créés :** – conditions d'immobilisation des coûts de développement à respecter ; – dépenses de recherche en charges et immobilisation possible (méthode préférentielle) des dépenses de développement.
Autres immobili-sations	• **Brevets d'invention :** amortissement sur la durée de protection juridique • **Marques acquises :** aucun amortissement sauf si l'utilisation est limitée dans le temps

(1) Les logiciels indissociables du matériel sont traités comme le matériel pour l'enregistrement, l'amortissement et la cession. Les logiciels à usage commercial suivent un traitement particulier.

▶ Fonds de commerce (compte 207)

Créé	Aucun enregistrement en immobilisation incorporelle ⇒ Impossibilité de distinguer les dépenses de création de celles liées à l'activité de l'entreprise
Acquis	• Enregistrement séparé au bilan des éléments identifiés pouvant faire l'objet d'une évaluation (brevet, droit au bail, matériel, stocks par exemple) • Enregistrement en immobilisation incorporelle (compte 207) des éléments qui ne peuvent pas figurer dans d'autres postes du bilan[1]

(1) Le fonds commercial est présumé avoir une durée d'utilisation non limitée. Une simplification d'amortir le fonds commercial sur 10 ans est offerte aux petites entreprises « au sens comptable ».

8 IMMOBILISATIONS CORPORELLES

Définition et rôle

- Selon le PCG, une immobilisation corporelle est une dépense :
  - qui respecte les 3 conditions de définition d'un actif *(voir fiche 2 Notions fondamentales)* ;
  - qui respecte les 2 critères de comptabilisation d'un actif (certitude suffisante que les avantages économiques iront à l'entreprise et coût de l'actif évalué avec une fiabilité suffisante) ;
  - qui a une substance physique ;
  - dont la durée d'utilisation par l'entreprise est supérieure à 12 mois.
- Les immobilisations corporelles ont :
  - pour vocation d'être utilisées pour réaliser l'objet social de l'entreprise et participer à l'amélioration de sa performance (accroissement des avantages économiques) ;
  - une utilisation (consommation) généralement limitée dans le temps qui vient augmenter les charges de l'entreprise par le biais des amortissements.

Principales immobilisations corporelles

Nature	Compte à débiter
Terrains	211
Constructions	213
Installations techniques, matériels et outillage industriels[1]	215
Autres immobilisations corporelles[1]	218

(1) Par mesure de simplification, les entreprises peuvent mettre en charges les matériels et mobiliers, dont la valeur unitaire n'est pas significative (valeur < 500 € HT fiscalement).

Valeur d'entrée d'une immobilisation dans le patrimoine de l'entreprise

Immobilisation acquise = Coût d'acquisition	Immobilisation produite = Coût de production
Prix d'achat HT (–) RRR et escomptes obtenus (+) TVA non déductible (+) Coûts directement attribuables (charges liées à la mise en place de l'actif) (+) Estimation initiale des coûts de démantèlement	Coût direct (matières premières consommées, main d'œuvre…) (+) Affectation systématique des frais généraux de production fixes et variables[2] (+) Coûts de démantèlement (estimation initiale ou quote-part d'amortissement)
Sur option, incorporation : – des frais d'acquisition des immobilisations[1] ; – des coûts d'emprunt.	Sur option, incorporation des coûts d'emprunt

(1) Les frais d'acquisition correspondent aux droits de mutation, aux honoraires et aux commissions. S'ils ne sont pas comptabilisés dans le coût d'entrée, ils sont portés en charges.
(2) Les frais d'administration générale, les amortissements dérogatoires et la quote-part de charges fixes liée à la sous-activité sont exclus.

Le coût est en principe figé dans le temps par application du principe comptable des coûts historiques (ou nominalisme monétaire).

Comptabilisation à l'entrée dans le patrimoine de l'entreprise

Immobilisation acquise

	date		
21.	Immobilisations corporelles[1]	X	
44562	TVA déductible sur immobilisations	X	
404/512	Fournisseurs d'immobilisations[2][3] ou Banque		X
	Selon facture n°...		

(1) Selon la valeur du coût d'entrée. (2) Paiement à crédit.
(3) Les avances et acomptes s'enregistrent lors du versement au débit du compte 238 « Avances et acomptes versés sur commandes d'immobilisations corporelles ». Ce compte est soldé lors de la facturation.

Immobilisation produite par l'entreprise

	date		
21.	Immobilisations corporelles[1][2]	X	
44562	TVA déductible sur immobilisations	X	
72	Production immobilisée[1]		X
44571	TVA collectée		X
	Selon documents internes n°...		

(1) Selon la valeur du coût de production.
(2) Si l'immobilisation était en cours de fabrication lors de l'exercice précédent, le compte 23 « Immobilisations en cours » doit être crédité pour solde à l'achèvement de l'immobilisation.

Immobilisation reçue à titre gratuit (donation par exemple)

	date		
21.	Immobilisations corporelles	X	
7788	Autres produits exceptionnels		X
	Selon acte n°...		

Approche par composants

Principes (1)	• Si dès l'origine, un ou plusieurs éléments constitutifs d'une immobilisation corporelle ont chacun des utilisations différentes : – chaque élément est obligatoirement comptabilisé séparément ; – un plan d'amortissement propre à chacun des éléments est établi. • Les éléments destinés à être remplacés sont appelés « composants de 1re catégorie »
Compta-bilisation(1)	Elle s'effectue par répartition du coût initial d'entrée de l'immobilisation sans en modifier la valeur totale
Renouvel-lement d'un composant	• La VNC du composant remplacé est obligatoirement sortie de l'actif et comptabilisée en charge (compte 675 VCEAC) • Le nouveau composant est enregistré en immobilisations et fait l'objet d'un amortissement sur sa durée d'utilisation.

(1) Dans les comptes sociaux, les dépenses d'entretien faisant l'objet de programmes pluriannuels sont plutôt traitées sous forme de provisions que comme un composant distinct de l'immobilisation pour des raisons fiscales.

9 AMORTISSEMENT DES IMMOBILISATIONS NON FINANCIÈRES

▶ Définitions, rôles et conséquences

Définitions	• Amortissement : répartition systématique du montant amortissable d'un actif en fonction de son utilisation (*utilisation = consommation des avantages économiques attendus de l'actif*) • Actif amortissable : un actif immobilisé est amortissable lorsque sa durée d'utilisation est limitée. Les critères déterminant le caractère limité sont : l'usure physique, l'évolution technique, l'expiration d'une protection juridique, le cycle de vie des produits générés par cet actif [1]. • Actif non amortissable : actif pour lequel il n'y a pas de limite prévisible à la durée d'utilisation (un terrain par exemple).
Rôles	• Charge d'exploitation traduisant le coût de l'investissement immobilisé • Autofinancement de l'entreprise • Respect du principe de prudence et présentation des valeurs nettes des immobilisations au bilan
Conséquences	• Charge calculée non décaissée sans impact sur la trésorerie • Économies d'impôt par la baisse du résultat

(1) Il existe des critères spécifiques aux actifs incorporels, par exemple : cycles de vie des produits, obsolescence technologique, commerciale ou autre, stabilité du secteur dans lequel l'actif est utilisé, actions attendues des concurrents.

▶ Calcul des amortissements

Mode d'amortissement

- Doit traduire le rythme le plus pertinent de consommation des avantages économiques.
- Peut être constant (mode par défaut) ou variable.
- En cas d'égalité entre plusieurs modes, retenir celui dont la durée d'utilisation est la plus courte.
- Commence dès le début de consommation des avantages économiques (date de mise en service en pratique).

Base amortissable (BA)

- Valeur brute d'un actif sous déduction de sa valeur résiduelle.
- La valeur brute correspond à la valeur d'entrée dans le patrimoine de l'entreprise.
- La valeur résiduelle correspond à la valeur de revente (nette des coûts de sortie) du bien à l'issue de son utilisation. Elle doit être retenue si elle est significative et mesurable.

Amortissement constant ou linéaire

- La consommation des avantages économiques est identique sur chaque période.
- Taux (TX) = 100/Durée réelle d'utilisation.
- Mise en service en début d'exercice :

Dotation annuelle aux amortissements = BA × TX

- Mise en service en cours d'exercice :

1re dotation = BA × TX × PR

PR = Prorata temporis = NJ/360

NJ = Nombre de jours séparant la date de mise en service de la fin de l'exercice comptable

Autres dotations = BA × TX

(sauf pour la dernière année d'amortissement qui est réduite)

- Les PME répondant à certaines conditions juridiques peuvent retenir en comptabilité la durée d'usage professionnelle au lieu de la durée réelle d'utilisation pour les immobilisations non décomposées.
- L'amortissement dégressif est un mode d'amortissement fiscal qui procure à l'entreprise une déduction accélérée de l'amortissement de certains de ses investissements (dotation plus importante dans les 1res années) grâce à des coefficients dépendant de la durée d'usage professionnelle pour les immobilisations non décomposées.

Amortissement variable

Peut être croissant, décroissant ou fixé à partir d'unités d'œuvres (km, heures de travail, pièces fabriquées...).

EXEMPLE

Pour un véhicule :

$$\text{Dotation de N} = \text{BA} \times \frac{\text{km parcourus en N}}{\text{km totaux estimés}}$$

Plan d'amortissement et comptabilisation

- **Plan d'amortissement** : traduction de la répartition de la valeur amortissable d'un actif selon le rythme de consommation des avantages économiques attendus en fonction de son utilisation probable.

Année	Base	Taux	Amortissements	Cumul amortissements	VNC
N				(CA)	VB – (CA)
N+*i* (fin)				= Base	VR ou 0
TOTAL			= Base		

- **Comptabilisation** : une dotation aux amortissements doit être constatée chaque année à l'inventaire, même en l'absence de bénéfice.

	31.12.N		
6811	Dotations aux amortissements...	X	
28...	Amortissements des immobilisations...		X
	Inventaire N		

Les amortissements exceptionnels comptables (compte 6871) sont utilisés lorsqu'un actif amortissable cesse d'être utilisé (exemple : mise au rebut).

Ils permettent d'avoir une valeur nette comptable nulle.

Conséquences de la modification du plan d'amortissement

- Changement significatif de la durée, du rythme de consommation des avantages économiques (exemple : modification des unités d'œuvre) ou de la base amortissable (exemple : dépenses d'amélioration).
- Modification des amortissements pour l'exercice en cours et les suivants.

Immobilisations par composants

Plan d'amortissement séparé avec un mode propre pour la structure et chaque composant :

– de type 1 (éléments principaux faisant l'objet de remplacement à intervalles réguliers) ;
– de type 2 (dépenses d'entretien, de grosses réparations ou de grandes révisions) sauf si les dépenses ont été traitées sous forme de provision (compte 1572).

▶ Amortissements dérogatoires et aspects fiscaux

Utilité

Bénéficier de mesures d'aide fiscale (économie d'impôt) et/ou gérer les différences avec les règles fiscales d'amortissement.

Calcul

Amortissement fiscal – Amortissement comptable = Amortissement dérogatoire

- Amortissement dérogatoire > 0 ⇒ Dotation
- Amortissement dérogatoire < 0 ⇒ Reprise

Au terme du plan : Solde amortissements dérogatoires = 0

Principaux cas d'utilisation

- Respect de la règle de l'amortissement minimum fiscal.
- Présence d'une valeur résiduelle minorant la base amortissable comptable.
- Durée réelle comptable supérieure à la durée d'usage professionnelle pour les immobilisations non décomposées (sauf pour les PME ayant comptablement retenu la durée d'usage professionnelle).
- Gestion de l'amortissement dégressif ou de l'amortissement exceptionnel fiscal.

Comptabilisation

Permet une diminution du résultat imposable (charge) et représente une provision réglementée inscrite au passif du bilan qui sera reprise ultérieurement (produit).

	31.12.N		
6872	Dotations aux provisions réglementées	X	
145	Amortissements dérogatoires		X
	Inventaire N		

DÉPRÉCIATIONS DES IMMOBILISATIONS NON FINANCIÈRES 10

▶ Définitions, règles et conséquences

Dépréciation	Constatation pour un actif que sa valeur actuelle est inférieure à sa VNC
Valeurs de référence	• **Actuelle :** valeur la plus élevée entre la valeur vénale et la valeur d'usage • **Vénale :** prix figurant dans un accord de vente irrévocable signé à l'occasion d'une transaction dans les conditions de concurrence normale ou résultant d'un marché actif, prix duquel sont déduits les coûts de sortie. À défaut, la valeur vénale est estimée à partir de la meilleure information disponible • **D'usage :** valeur des avantages économiques futurs attendus de l'utilisation et de la sortie d'un actif. Cette valeur se détermine par actualisation des flux nets de trésorerie attendus • **VNC :** valeur brute d'un actif diminuée des amortissements cumulés et des dépréciations
Règles générales	• Dépréciation obligatoire (principe de prudence) à la clôture de l'exercice s'il existe un indice de perte de valeur(1) : – indices externes : marché, taux d'intérêt… ; – indices internes : obsolescence, baisse des performances… • L'entreprise doit effectuer un test de dépréciation : – la comparaison entre la valeur actuelle et la VNC s'effectue élément par élément ; – la valeur actuelle est inférieure à la VNC. • La dépréciation doit être reprise (comptabilisée en produit)(2) quand elle n'est plus motivée : – reprise intégrale pour une immobilisation non amortissable ; – reprise limitée pour une immobilisation amortissable.
Conséquences	• Baisse de la valeur du patrimoine • Charge calculée non décaissée sans impact sur la trésorerie • Économie d'impôt par la baisse du résultat

(1) Pour les fonds commerciaux non amortis, un test de dépréciation est réalisé une fois par exercice comptable, qu'il existe ou non un indice de perte de valeur.

(2) Par exception (C. com. R123-179), les dépréciations afférentes au fonds commercial ne sont jamais reprises.

▶ Comptabilisation

	31.12.N		
6816	Dotations aux dépréciations des immobilisations incorporelles et corporelles	X	
29…	Dépréciations des immobilisations…		X
	Inventaire N / Dotation		
	31.12.N+…		
29…	Dépréciations des immobilisations…	X	
7816	Reprises sur dépréciations des immobilisations incorporelles et corporelles		X
	Inventaire N+… / Reprise		

▶ Test de dépréciation[1]

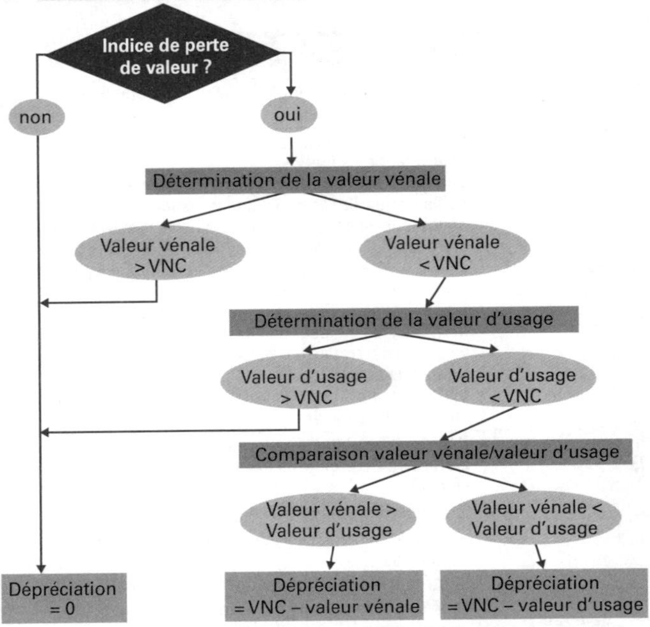

(1) Lorsque la détermination de la valeur actuelle d'un actif isolé, obligatoire en présence d'indices de perte de valeur, n'est pas possible, il convient de déterminer la valeur actuelle du groupe d'actifs auquel il appartient (cas du fonds commercial).

▶ Immobilisations amortissables

- Retenir la VNC de l'immobilisation à la clôture après la dotation aux amortissements de l'exercice pour le test et le calcul de la dépréciation.
- Modification pour le futur (modification prospective) de la base amortissable et du plan d'amortissement de l'immobilisation :
  - nouvelle base : valeur actuelle issue du test (nouvelle VNC de l'immobilisation) ;
  - dotation aux amortissements des exercices suivants :

Nouvelle base/Nombre d'années restantes
(si l'immobilisation est amortie en linéaire)

- Reprise de dépréciation :
  - elle est limitée car elle ne doit pas entraîner une nouvelle VNC supérieure à celle qui aurait été obtenue en l'absence de dépréciation (VNC résultant du plan d'amortissement initial) ;
  - elle entraîne une nouvelle modification de la base amortissable et du plan d'amortissement.

▶ Immobilisations décomposées

Affectation de la dépréciation à chaque composant et à la structure en fonction de la dépréciation effective de chaque élément ou à défaut à la structure (règle fiscale).

SORTIE DES IMMOBILISATIONS INCORPORELLES ET CORPORELLES 11

▶ Origines des sorties du patrimoine

- Cession volontaire (vente, donation…) ou forcée (expropriation, expulsion…).
- Retrait d'actif volontaire (destruction, mise au rebut…) ou forcée (incendie, vol…).

▶ Opérations comptables

- Deux opérations distinctes :
  - retrait du bilan par annulation de la **valeur nette comptable** (VNC) du bien à la date de l'opération (débit du compte 675 VCEAC) ;
  - en cas de cession à un tiers, constatation du prix de cession (crédit du compte 775 PCEA).
- Résultat de cession = prix de cession HT – VNC

	Date d'enregistrement de la sortie
Cession	Date du transfert du contrôle sur l'actif (en général à la date d'entrée en jouissance du nouvel acquéreur)
Expropriation	Date de fixation définitive de l'indemnité par l'ordonnance d'expropriation
Sinistre	Exercice comptable au cours duquel est intervenu le sinistre

▶ Détermination de la VNC du bien cédé

- **VNC** = Valeur brute (coût d'entrée) – Amortissements cumulés jusqu'au jour de la cession. (À la différence de l'inventaire, la VNC ne tient pas compte des dépréciations cumulées.)
- **Amortissement complémentaire** = Dotation aux amortissements depuis le début de l'exercice jusqu'au jour de la cession.

Mode d'amortissement pratiqué	Date d'arrêt de l'amortissement complémentaire
Linéaire	Jusqu'à la date de la cession
Dégressif	Par mesure de simplification, jusqu'au début du mois au cours duquel est intervenue la cession

▶ Schémas comptables

- **Cession d'une immobilisation non amortissable** :

	date		
462	Créances sur cessions d'immobilisations	X	
775	PCEA		X
44571	TVA collectée(1)		X
	Cession		

(1) Sauf exception.

	31.12.N(1)		
675	VCEAC	X	
2…	Comptes d'immobilisations		X
	Sortie du patrimoine		

(1) Ou à la date de cession.

	31.12.N[1][2]		
29.	Dépréciations des immobilisations...	X	
7816	Reprises sur dépréciations des immobilisations incorporelles et corporelles		X
	Dépréciation devenue sans objet		

(1) Ou à la date de cession.

(2) Si l'immobilisation cédée a fait l'objet d'une dépréciation.

- **Cession d'une immobilisation amortissable** :

Étapes	Comptes à utiliser	Débit	Crédit
Cession[1]	462 «Créances sur cessions d'immobilisations»	X	
	775 «PCEA»		X
	44571 «TVA collectée»[2]		X
Amortissement complémentaire	6811 «Dotations aux amortissements des immobilisations incorporelles et corporelles»	X	
	28.. «Amortissements des immobilisations…»		X
Sortie du patrimoine	675 «VCEAC»	X	
	28.. «Amortissements des immobilisations…»	X	
	2… «Comptes d'immobilisations…»		X
Dépréciation sans objet (éventuellement)[3]	29.. «Dépréciations des immobilisations…»	X	
	7816 «Reprises sur dépréciations des immobilisations incorporelles et corporelles»		X

(1) Les frais de cession (commissions, droits d'enregistrement…) sont enregistrés dans les comptes de charges par nature.

(2) Sauf exception.

(3) Elles n'interviennent pas dans le calcul de la VNC.

▶ Principaux cas particuliers

Cession avec reversement de TVA (immeubles cédés principalement)	Le reversement de TVA vient augmenter la VNC (débit du compte 675) et la contrepartie est inscrite au crédit du compte 44571 « TVA collectée »
Cession avec complément de déduction de TVA	Le complément de déduction vient minorer la VNC (crédit du compte 675) et la contrepartie est inscrite au débit du compte 44562 « TVA déductible sur immobilisations »
Cession avec amortissements dérogatoires	• Les amortissements dérogatoires non encore repris dans le compte de résultat sont portés au crédit du compte 78 • Ils n'entrent pas dans le calcul de la VNC
Cession d'une immobilisation financée à l'aide d'une subvention d'investissement	La subvention restant dans le compte 13 « Subventions d'investissement» doit être annulée par virement au crédit du compte 777 « Quote-part des subventions virée au compte de résultat »
Immobilisations mises au rebut	• Doivent être complètement amorties avant d'être sorties • Il faut constater un amortissement exceptionnel (compte 687) pour ramener la VNC à zéro

Définitions, classification et comptabilisation

Un titre peut être :

- une action représentative d'un titre de propriété et rémunérée par un dividende ;
- une obligation représentative d'un titre de créance et rémunérée par un intérêt.

Nature	Définition	Compte
Titres de participation (TP)	• Actions détenues durablement dans le but de contrôler ou d'influencer la société émettrice • Titres représentant une fraction du capital supérieur à 10 %	261 (même si partiellement libérés)
Titres immobilisés (TI)	• Actions et obligations détenues durablement • Pas de possibilité de revente à brève échéance	271 (Actions) 272 (Obligations)
Valeurs mobilières de placement (VMP)	• Actions et obligations dont l'entreprise détentrice attend un gain à brève échéance • Simple placement de trésorerie	503 (Actions) 506 (Obligations)

Valeur d'entrée et traitement des frais d'acquisition

Cas général

- Valeur d'entrée (VE) = Coût d'acquisition
- Les frais d'acquisition HT sont soit :
  - intégrés au coût d'acquisition (commissions, frais d'acte...) ;
  - inscrits en charges de l'exercice (6271).

L'option de comptabilisation relative aux frais d'acquisition des titres (immobilisation ou charge) peut être différente de celle retenue pour les immobilisations incorporelles et corporelles.

Cas des obligations

- **Souscription à l'émission de l'emprunt :** enregistrement à l'actif à la valeur d'émission.
- **Acquisition d'obligations cotées déjà émises :**
  - enregistrement à l'actif à la valeur «au pied du coupon» (les obligations sont toujours cotées en % de la valeur nominale) ;
  - enregistrement au débit de la fraction des intérêts courus payés au vendeur (le nouvel acquéreur percevra la totalité des intérêts depuis la précédente échéance).

	date		
506	Obligations	X	
764	Revenus des VMP	X	
512	Banque		X
	Selon avis d'exécution		

Traitement des revenus associés

	Date d'enregistrement	Comptabilisation
Revenus des actions	Enregistrement des dividendes et des acomptes éventuels à leur date d'attribution (date de l'assemblée qui décide la distribution) et non à leur date d'encaissement	• **À la date d'attribution** : comptes 267, 276 ou 508 par le crédit du 761, 762 ou 764 • **À la date d'encaissement** : compte de trésorerie par le crédit du compte de créances (267, 276 ou 508) utilisé
Revenus des obligations	• **À la date d'inventaire** : enregistrement des intérêts courus depuis la précédente échéance • **À l'échéance** : enregistrement des intérêts perçus	• **À l'inventaire** : comptes 2768 ou 5088 par le crédit du compte 76 correspondant • **À l'ouverture de l'exercice suivant** : contrepassation • **À l'échéance** : compte de trésorerie par le crédit du compte 76 correspondant

Traitement à l'inventaire

Principe	Si valeur d'inventaire (VI) < VE ⇒ dépréciation
TP	VI = valeur d'utilité
TI et VMP(1)	• Titres cotés : VI = cours moyen du dernier mois boursier • Titres non cotés : VI = valeur probable de négociation issue des transactions récentes ou à défaut, valeur d'évaluation de la société
Obligations(1)	VI = valeur boursière moyenne au pied du coupon du dernier mois boursier (sans prise en compte des intérêts courus)

(1) Possibilité de limiter la dépréciation pour les titres cotés (titres classés en TI ou VMP) sous conditions.

Écriture type de dépréciation :

	31.12.N		
6866	Dotations aux dépréciations des éléments financiers	X	
296/297/59.	Dépréciations des participations, des autres immobilisations financières ou des VMP...		X
	Inventaire N		

Traitement à la sortie

Principe	• Méthode comptable : CMP ou PEPS • PEPS souvent retenu pour des raisons fiscales
TP ou TI(1)	**Cession d'immobilisation :** – 1re écriture : constatation de la cession (débit = compte de trésorerie ou de tiers, crédit = compte 7756 pour le prix de cession) – 2e écriture : constatation de la sortie de titres (débit du compte 6756 pour la valeur comptable et crédit du compte de titres correspondant) – 3e écriture : reprise des dépréciations existantes
VMP(1)	• Produit ou charge traité en une seule écriture (écriture ci-dessous) • Reprise des dépréciations existantes

	31.12.N		
512	Banque	X	
667	Charges nettes [SI PERTE] **OU**	X	
767	Produits nets [SI GAIN]		X
50	VMP		X
	Selon relevé...		

(1) Pour les obligations : retenir les valeurs hors intérêts courus car ceux-ci sont enregistrés en produits financiers.

Définition, inventaire et typologie

<table>
<tr><td>Définition, critères et distinction</td><td>• Actif destiné à être vendu ou consommé dans le processus de production ou de prestations de services qui cumulativement :
– est identifiable et contrôlé par l'entreprise ;
– est source d'avantages économiques futurs ;
– a un coût évalué avec fiabilité.
• Se distingue des immobilisations car il n'est pas destiné à être utilisé de façon durable</td></tr>
<tr><td>Inventaire</td><td>État extra-comptable détaillé en valeur et en quantité des stocks à la clôture de l'exercice établi par recensement physique
<table>
<tr><th>Intermittent</th><th>Permanent</th></tr>
<tr><td>Obligatoire au moins une fois tous les 12 mois sauf inventaire permanent fiable</td><td>Facultatif
Permet de connaître à tout moment les stocks (valeur et quantité)</td></tr>
</table></td></tr>
<tr><td>Typologie et comptes associés</td><td>
<table>
<tr><th>Nature du stock</th><th>Compte de bilan</th><th>Compte de variation au compte de résultat</th></tr>
<tr><td>Matières premières</td><td>31</td><td>6031</td></tr>
<tr><td>Autres approvisionnements</td><td>32</td><td>6032</td></tr>
<tr><td>En-cours de biens ou de services</td><td>33 ou 34</td><td>7133 ou 7134</td></tr>
<tr><td>Produits finis</td><td>35</td><td>7135</td></tr>
<tr><td>Marchandises</td><td>37</td><td>6037</td></tr>
</table></td></tr>
</table>

Valorisation des entrées

Coût d'acquisition(1)	• Concerne les stocks de matières premières, autres approvisionnements et marchandises • Prix d'achat hors taxes récupérables – Réductions commerciales – Escomptes de règlement obtenus[2] + Coûts directement attribuables + Coûts d'emprunts sur option • Frais internes, frais commerciaux et frais administratifs exclus
Coût de production(1)	• Concerne les stocks de produits et d'en-cours de biens ou de services • Coût d'acquisition des matières consommées + Coûts directement liés aux unités produites + Affectation systématique des frais généraux de production, fixes et variables + Coûts d'emprunt sur option • Sous-activité, frais commerciaux et frais administratifs exclus
Autres méthodes autorisées	• Coûts standard à condition de tenir compte des écarts avec les coûts réels à la clôture • Prix de détail (Coût des stocks = Valeur de vente des stocks – % de marge brute et de frais de commercialisation)

(1) Détermination par la comptabilité analytique le plus souvent.
(2) Escomptes traités en produits (compte 765) lors des achats.

Valorisation des sorties et du stock final

- Coût réel d'entrée pour les éléments identifiables.
- Pour les éléments interchangeables (fongibles) :
  – méthode du premier entré, premier sorti (PEPS) ;

– méthode du coût moyen pondéré (CMP) après chaque entrée ou de fin de période :

$$CMP = \frac{(\text{Stock initial} + \text{Entrées})\ \text{en valeur}}{(\text{Stock initial} + \text{Entrées})\ \text{en quantité}}$$

– méthodes du dernier entré, premier sorti et de la valeur de remplacement interdites.

▶ Écritures d'inventaire intermittent et incidences

	31.12.N		
603.	Variation des stocks...	X	
31/32 **ou** 37	Stocks (Matières premières, Autres approvisionnements ou Marchandises)		X
	Annulation stock initial (SI)		
	31.12.N		
31/32 **ou** 37	Stocks (Matières premières, Autres approvisionnements ou Marchandises)	X	
603.	Variation des stocks...		X
	Constatation stock final (SF)		

Bilan de clôture	
Actif circulant	**Montant brut**
Stocks finaux	Selon valorisation

Compte de résultat	
Charges d'exploitation	**Montant**
Variation des stocks (SI – SF)	Positif ou négatif

	31.12.N		
713.	Variation des stocks...	X	
33/34 **ou** 35	Stocks (En-cours de production de biens/services ou produits)		X
	Annulation stock initial		
	31.12.N		
33/34 **ou** 35	Stocks (En-cours de production de biens/services ou produits)	X	
713.	Variation des stocks...		X
	Constatation stock final		

Bilan de clôture	
Actif circulant	**Montant brut**
Stocks finaux	Selon valorisation

Compte de résultat	
Produits d'exploitation	**Montant**
Production stockée (SF – SI)	Positif ou négatif

En inventaire permanent :
- les comptes de stocks et de variations servent à gérer les entrées et les sorties durant l'exercice
- aucune écriture à la clôture car le stock figurant au bilan correspond au stock final (sauf correction du coût d'entrée avec la sous-activité, les bonis/malis par rapport aux stocks réels...).

▶ Dépréciation

Condition	Valeur comptable du stock final > Valeur actuelle
Montant	Valeur comptable du stock final – Valeur actuelle
Valeur actuelle	Prix de vente – Totalité des frais restant à engager jusqu'à la vente
Comptabilisation	• Reprise intégrale et constatation de la nouvelle dépréciation • Autre solution : ajustement du compte de dépréciation(1) : – compte 68173 à 39... pour une dotation ; – compte 39... à 78173 pour une reprise.

(1) Méthode possible si les articles étaient présents dans le stock initial.

▶ Définitions

Élément du patrimoine	Définition	Exemples de comptes
Créance(1)	Droit d'exiger d'un tiers la remise d'une somme d'argent	411 « Clients » 413 « Clients - EAR » 4096 « Fournisseurs – Créances pour emballages… à rendre »
Dette(1)	Passif certain (obligation et sortie de ressources certaines) dont l'échéance et le montant sont fixés de façon précise	164 « Emprunts auprès des ETS de crédit » 401 «Fournisseurs » 403 « Fournisseurs – EAP » 404 « Fournisseurs d'immobilisations »

(1) La distinction créances/dettes d'exploitation et créances/dettes diverses existe dans le système développé. L'exploitation correspond à l'activité industrielle et/ou commerciale normale et courante de l'entreprise.

▶ Traitement des effets de commerce

• Acceptation d'une lettre de change ou remise d'un billet à ordre :

	date		
413	Clients – Effets à recevoir (EAR)	X	
411	Clients		X
	Chez le tireur		

	date		
401 ou 404	Fournisseurs ou Fournisseurs d'immobilisations	X	
403 ou 405	Fournisseurs – Effets à payer (EAP) ou Fournisseurs d'immobilisations – EAP		X
	Chez le tiré		

• Transmission de l'effet à la banque pour encaissement :

	date		
5113	Effets à l'encaissement	X	
413	Clients EAR		X
	Chez le tireur(1)		

(1) Pas d'écriture comptable spécifique chez le tiré.

• Paiement à l'échéance :

	date		
512	Banque	X	
6275	Frais sur effets	X	
5113	Effets à l'encaissement(1)(2)		X
	Chez le tireur		

	date		
403 ou 405	Fournisseurs – EAP ou Fournisseurs d'immobilisations – EAP	X	
512	Banque		X
	Chez le tiré		

(1) Si l'effet est encaissé directement par le tireur, le compte 5113 n'est pas utilisé et l'étape comptable de la transmission disparaît.

(2) En cas d'impayé et si l'effet n'est pas renouvelé, le compte 5113 est soldé par le débit du compte 416 « Clients douteux ou litigieux ».

Effets remis à l'escompte

Chez le tireur	• Les effets de commerce sont virés au débit du compte 5114 « Effets remis à l'escompte » • À la réception de l'avis de crédit de la banque, le compte 5114 est soldé par le débit des comptes de banque et de charges (charges d'intérêts et frais)
Chez le tiré	• Pas d'écriture spécifique lors de la remise à l'escompte par le tireur • Écriture de paiement identique à celle d'un paiement à l'échéance

Dépréciations et pertes sur créances

- À l'inventaire, une dépréciation est constatée s'il existe un risque de non-recouvrement :

Dépréciation = Montant HT de la perte probable

- Les créances concernées sont isolées.

	31.12.N		
416	Clients douteux ou litigieux	X	
411	Clients		X
	Pour virement		
	31.12.N		
68174	Dotations aux dépréciations... Créances	X	
491	Dépréciations des comptes clients		X
	Perte probable		

- Lors du règlement de la créance :

1	Le chèque ou le virement du client est porté en banque
2	• Le solde HT non payé de la créance est porté au débit du compte 654 « Pertes sur créances irrécouvrables » • La TVA non collectée (solde HT non payé × taux) est portée au débit du compte 44571 « TVA collectée »
3	La dépréciation est reprise par le crédit du compte 78174

Créances et dettes en monnaies étrangères

- À la date du contrat (entrée de la créance ou de la dette dans le patrimoine de l'entreprise), elles sont converties et comptabilisées en euros sur la base du dernier cours (taux) de change.
- À l'inventaire, elles sont actualisées, c'est-à-dire converties au cours de change à l'inventaire.

Baisse du cours en euros(1)	• Entraîne une perte latente de change car : – la valeur des créances diminue, **ou** – la valeur des dettes augmente. • Débit du compte 476 « ECA » par le crédit d'un compte de créance ou d'un compte de dette(2) • Constatation d'une provision pour pertes de change à hauteur de la perte latente (débit du compte 6865 par le crédit du compte 1515)
Hausse du cours en euros	• Entraîne un gain latent de change car : – la valeur des créances augmente, **ou** – la valeur des dettes diminue. • Crédit d'un compte de créance ou d'un compte de dette par le débit du compte 477 « ECP »(2)

(1) Par exemple, le cours passe de 1 $ = 1,47 € à 1,43 €.
(2) À contrepasser à l'ouverture de l'exercice suivant.

- À la date de règlement, les gains (comptes 756 et 766) ou pertes (comptes 656 et 666) réalisés sont constatés par comparaison entre le cours d'entrée dans le patrimoine et le cours à la date de règlement.

▶ Contrôle de la trésorerie : l'état de rapprochement

- Rapprochement du solde du compte banque tenu par l'entreprise avec celui de l'entreprise tenu par la banque (comptes réciproques).
- Méthode en partant du compte banque tenu par l'entreprise :

1. Ajuster les soldes initiaux s'ils sont différents
2. Pointer les mouvements identiques
3. Ajouter ou soustraire les opérations d'encaissement ou de décaissement figurant sur le relevé bancaire et non enregistrées dans le compte banque de l'entreprise
4. Neutraliser les opérations comptabilisées dans le compte banque de l'entreprise et non encore inscrites sur le relevé bancaire
5. Comptabiliser les opérations figurant sur le relevé bancaire et absentes de la comptabilité de l'entreprise

▶ Financement à court terme

- Les comptes de trésorerie sont :
  - débités lors des entrées de trésorerie ;
  - crédités en cas de sorties de trésorerie.

Principaux moyens de paiement et comptes à utiliser	• Espèces (compte 530) • Chèque • Carte bancaire (compte 512 ou 514)(1) • Virement • Effets de commerce

(1) L'entreprise peut pratiquer une subdivision de compte pour distinguer les différents modes de paiement.

- Les commissions et frais divers prélevés par la banque s'enregistrent dans le compte 627 « Services bancaires et assimilés ». La TVA associée est déductible.

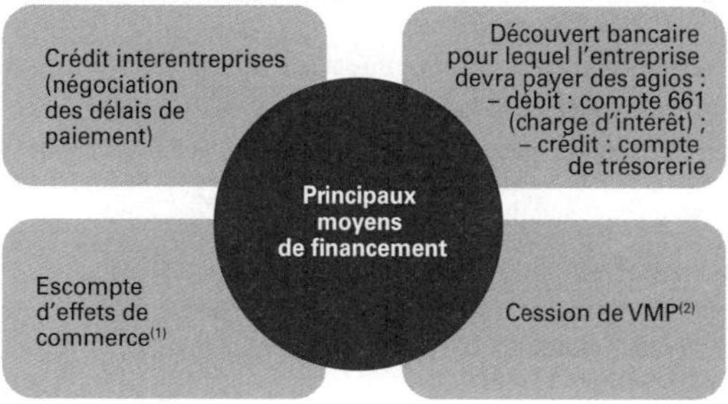

(1) *Voir fiche 14 Créances et dettes.*
(2) *Voir fiche 12 Portefeuille-titres.*

▶ Financement à long terme

Financement par endettement

- **L'emprunt indivis.** Déblocage des fonds :

	Date		
512	Banque	X	
164	Emprunt auprès des ETS de crédit		X
	Versement de l'emprunt		

Trois modes de calcul de l'annuité (ou de la mensualité avec taux mensuel équivalent) :

Amortissement constant	• Annuité = Remboursement périodique du capital de l'emprunt (amortissement de l'emprunt) + Intérêts • Amortissement = *ME*/Nombre de périodes • Intérêts = Capital restant dû × *TXi*
Annuité constante	• Annuité = $ME \times \frac{TXi}{1-(1+TXi)^{-n}}$ • Amortissement = Annuité – Intérêts • Intérêts = Capital restant dû × *TXi*
In fine	• 1res annuités = Intérêts = *ME* × *TXi* • Dernière annuité = *ME* + Intérêts • Amortissement = Remboursement intégral à la fin de la période d'emprunt

ME = montant de l'emprunt — *TXi* = taux d'intérêt — *n* = durée de l'emprunt

Remboursements périodiques :

	Date		
164	Emprunts auprès des ETS de crédit	X	
661	Charges d'intérêts	X	
512	Banque		X
	Selon plan d'amortissement de l'emprunt		

À l'inventaire :

	31.12.N		
661	Charges d'intérêts	X	
1688	Intérêts courus(1)		X
	Inventaire N		

(1) Intérêts annuels × (Nombre de jours séparant la date d'échéance de l'emprunt de la date de clôture/360)

• **L'emprunt obligataire.** Émission d'un emprunt sous forme d'obligations (titres de créance négociables) que l'entreprise s'engage à rembourser à un terme fixé à l'avance.

VN	Valeur nominale servant de base au calcul des intérêts : **Nombre d'obligations × VN × Taux d'intérêt**
PE	Prix d'émission généralement ≤ VN
VR	Valeur de remboursement généralement ≥ VN
PR	Prime de remboursement pour la différence (VR – PE)
FR	Frais associés (publicité, commissions…) en charges par nature ou transférés à l'actif du bilan en charges à répartir sur plusieurs exercices (compte 4816 à 791)

Enregistrement simplifié d'une émission(1) :

	Date		
512	Banque (selon le PE)	X	
169	Prime de remboursement	X	
163	Emprunt obligataire (selon la VR)		X
	Émission n°…		

(1) Il est très détaillé en pratique avec usage de comptes de tiers.

Financement par fonds propres

Correspond aux apports initiaux et nouveaux par augmentation de capital des associés (*voir la fiche 20 Opérations en capital*).

Financements particuliers

Correspondent principalement au crédit-bail et aux subventions d'investissement (*voir la fiche 6 Autres produits et charges*).

▶ Définitions, critères et distinction

Provision		Passif probable dont l'échéance ou le montant n'est pas fixé de façon précise
Passif		• Élément du patrimoine ayant une valeur économique négative pour l'entreprise • Obligation(1) de l'entreprise à l'égard d'un tiers dont il est probable (provision) ou certain (dette) qu'elle provoquera une sortie de ressources au bénéfice de ce tiers, sans contrepartie au moins équivalente attendue de celui-ci
Critères		• Pour être comptabilisées, les provisions doivent respecter les critères cumulatifs des passifs certains : – existence d'une obligation envers un tiers ; – existence de cette obligation à la date de clôture de l'exercice ; – existence d'une sortie de ressources probable sans contrepartie équivalente pour éteindre l'obligation(2). • Aucune provision n'est comptabilisée si l'obligation ne peut pas être évaluée avec une fiabilité suffisante (information en annexe)
Caractères et incidences		• Obligatoire selon le principe de prudence • Charge calculée non décaissée sans impact sur la trésorerie • Économie d'impôt par la baisse du résultat • Doivent être reprises quand elles ne sont plus motivées (majoration du résultat et de l'impôt)
Distinction	**Dettes**	Passifs certains dont l'échéance et le montant sont fixés de façon précise
	Charges à payer	Passifs certains(3) dont il est parfois nécessaire d'estimer le montant ou l'échéance avec une incertitude moindre que pour les provisions
	Passifs éventuels	Résultent d'une obligation potentielle de l'entreprise ou d'une obligation sans sortie de ressource. Ils ne sont pas comptabilisés
	Dépréciations	Concernent les éléments de l'actif du bilan et traduisent l'existence d'une perte probable de valeur

(1) Obligation d'ordre légal, réglementaire, contractuel ou résultant des pratiques de l'entreprise.

(2) Des opérations comportant une obligation envers un tiers à la clôture ne sont pas provisionnées quand il existe une contrepartie (exemple : contrat de prestation de service non encore exécuté).

(3) Elles sont rattachées aux dettes. Les comptes de charges à payer comportent un 8 en 3e position (exemple : 4282 « Dettes provisionnées pour congés payés »).

▶ Comptabilisation (écriture type)

	31.12.N		
6815	Dotations aux provisions d'exploitation(1)	X	
15..	Provisions…		X
	Inventaire N		

(1) Ou 6865 « Dotations aux provisions financières » si le risque est financier telle une perte de change.

Principales provisions

Risques (compte 151)	Risques connus liés à l'activité (litiges, garanties aux clients, pertes de change…)
Pensions et obligations similaires (compte 153)	Charges résultant des obligations de l'entreprise par rapport aux avantages postérieurs à l'emploi du personnel en activité (retraite, couverture médicale…)[1][2]
Restructurations (compte 154)	Charges liées aux opérations de restructuration (arrêt d'une branche d'activité, fermeture d'un site)[3]
Impôts (compte 155)	Charge probable d'impôts rattachable à l'exercice mais différée dans le temps (rappel d'impôt, étalement d'imposition…)
Charges à répartir sur plusieurs exercices (compte 157)	Charges prévisibles, importantes et pluriannuelles ne pouvant être supportées par le seul exercice dans lequel elles sont engagées (frais de gros entretien ou de grosses réparations)[4]

(1) Provision facultative selon le Code de commerce.

(2) La comptabilisation d'une provision pour le montant total de l'engagement futur envers le personnel est la méthode de référence conduisant à une meilleure information financière.

(3) Un plan formalisé doit avoir été annoncé avant la clôture de l'exercice.

(4) Les dépenses doivent avoir pour objet de vérifier le bon fonctionnement des installations et ne doivent pas avoir été immobilisées sous forme de composants distincts à l'actif.

Provisions réglementées

- Elles ne correspondent pas à la définition comptable d'une provision ni d'un amortissement.
- Elles proviennent d'incitations fiscales permettant de réduire l'impôt.
- Elles figurent en capitaux propres au passif du bilan (compte 14 « Provisions réglementées ») tant qu'elles n'ont pas été reprises.

Amortissements dérogatoires (compte 145)	• Liés aux immobilisations. • Peuvent être obligatoires ou facultatifs • *Voir la fiche 9 sur les amortissements*
Pour hausse des prix (compte 1431)	• Liée à une hausse de plus de 10 % du prix des matières ou des produits stockés par rapport à la plus faible de leur valeur unitaire d'inventaire de l'exercice N–1 ou N–2 • Maintenue au bilan pendant 6 exercices (reprise le 31.12.N+6 pour la PPH de fin N)

	31.12.N		
687(2) ou (3) ou (4)	Dotations aux provisions réglementées (Immobilisations - Amortissements dérogatoires) ou (Stocks) ou (Autres)	X	
14…	Provisions réglementées…		X
	Inventaire N (écriture type)		

Principes et obligations

- Selon le Code de commerce, « [l'entreprise] doit contrôler par inventaire, au moins une fois tous les douze mois, l'existence et la valeur des éléments actifs et passifs du patrimoine de l'entreprise. Elle doit établir des comptes annuels à la clôture de l'exercice au vu des enregistrements comptables et de l'inventaire ».
- Les travaux d'inventaire ont donc deux objectifs :
  - contrôler (en quantité et en valeur) la réalité du patrimoine de l'entreprise ;
  - préparer l'élaboration du bilan, du compte de résultat et de l'annexe (comptes annuels).

Contenu des opérations d'inventaire

Chronologie

1. Balance des comptes avant inventaire
2. Inventaire physique
3. Écritures d'inventaire
4. Balance après inventaire
5. Établissement des comptes annuel
6. Clôture des comptes

Principales écritures d'inventaire

Objet	Principe	Fiche(s)
Comptabiliser les stocks finaux	Séparation des exercices	*13*
Pratiquer les amortissements	Prudence	*7 et 9*
Enregistrer les dépréciations et les provisions	Prudence	*10, 12, 13, 14, et 16*
Rattacher les charges et les produits aux exercices concernés	Séparation des exercices	*Cf. ci-après*

Régularisations de fin d'exercice

- Elles ont pour objectif d'attribuer à un exercice comptable tous les produits et les charges qui le concernent et uniquement ceux-ci.
- Elles s'appuient sur le principe de séparation des exercices appelé aussi «indépendance» ou «spécialisation» des exercices.

Principaux ajustements de produits et charges à réaliser à l'inventaire

Situation	Objectif de l'ajustement	Compte de régularisation
Des charges ou des produits ont été comptabilisés durant l'exercice mais ils concernent totalement ou pour partie l'exercice suivant	Réduire les comptes concernés de charges (à créditer) ou de produits (à débiter)	• 486 « Charges constatées d'avance » (à débiter) • 487 « Produits constatés d'avance » (à créditer)

■ ■ ■

■■■

Des charges de l'exercice N restent à payer. Elles concernent l'exercice N mais elles n'ont pas été comptabilisées faute de factures	Affecter la charge à l'exercice N en débitant les comptes de charges concernées	Comptes de charges à payer (subdivisions des comptes de tiers concernés à créditer) (1)
Des produits ont été livrés ou achevés durant l'exercice N mais ils n'ont pas été facturés ou ne sont pas encore échus à la clôture de l'exercice	Affecter les produits correspondants à l'exercice N en créditant les comptes de produits	• Comptes de produits à recevoir • Exemples : 4181 « Clients – Factures à établir », 4098 « RRR à obtenir »

(1) Se caractérisent par le chiffre 8 en troisième position.

▶ Le traitement de l'impôt sur les bénéfices des sociétés (IS)

• Versement de quatre acomptes durant l'exercice :

	En N(1)		
444	État – Impôt sur les bénéfices	X	
512	Banque		X
	Écriture type de versement d'un acompte		

(1) Dates précises en fiscalité (exemple : 1er acompte le 15.03).

• Calcul de l'IS à la clôture de l'exercice :

	31.12.N		
695	Impôts sur les bénéfices	X	
444	État – Impôt sur les bénéfices		X
	Inventaire N		

• Paiement du solde lors de l'exercice suivant :

Solde = IS dû – Acomptes payés

	En N+1		
444	État – Impôt sur les bénéfices(1)	X	
512	Banque(1)		X
	Solde de l'IS de N		

(1) En cas d'excédent de versement (acomptes > IS dû), l'IS est remboursé d'office par l'État à l'entreprise. Il convient de débiter le compte banque par le crédit du compte 444 pour solde.

▶ La participation des salariés aux résultats

La participation de l'exercice doit être inscrite en charge à l'inventaire. Son montant définitif est incertain car il doit être approuvé l'exercice suivant par l'assemblée ordinaire annuelle des associés.

	31.12.N		
691	Participation des salariés aux résultats	X	
4284	Dettes provisionnées pour participation des salariés aux résultats		X
	Inventaire N		
	En N+1		
4284	Dettes provisionnées pour participation des salariés aux résultats	X	
4246	Participation des salariés aux résultats – Réserve spéciale		X
	Approbation par l'assemblée générale		

Rôle, obligation et systèmes

Rôle	• Récapituler toutes les opérations effectuées durant l'exercice • Fournir aux utilisateurs une information financière complète sur l'entreprise
Obligation	Production et publication de documents de synthèse(1) obligatoires pour tout commerçant (2)
Trois systèmes de présentation	• **De base** ou de référence pour les entités de moyenne ou grande dimension • **Abrégé** pour les entités de taille restreinte (informations moins détaillées) • **Développé** avec des informations plus détaillées par rapport au système de base

(1) On parle également d'états financiers ou de comptes annuels.
(2) Sauf dispense légale.

Démarche générale d'élaboration

1. Balance avant inventaire N
2. Travaux d'inventaire N
3. Balance après inventaire
4. Solde des comptes de gestion (classes 6 et 7) et établissement du compte de résultat de N
5. Établissement du bilan de N (comptes de situation classes 1 à 5)
6. Annexe [Fin des documents de synthèse de l'exercice]
7. À-nouveaux N+1 (compte de situation uniquement) et contrepassation des écritures d'inventaire de N

Règles générales d'établissement

- Respect des principes comptables.
- Présentation en liste ou en tableau du bilan et du compte de résultat.
- Indication pour chaque poste du montant de l'exercice précédent.
- Délai d'établissement variant entre 3 et 6 mois (après la clôture) selon la nature de l'entité.
- Si la comptabilité est informatisée, l'établissement des documents est automatique.
- Des simplifications sont prévues pour les petites entreprises.

Compte de résultat

Charges (C) Bénéfice (P > C)	Produits (P)
Charges (C)	Produits (P) Perte (P < C)

Bilan (avant répartition)

Actif immobilisé Actif circulant	Capitaux propres dont résultat > 0 ou < 0 Dettes

Principales rubriques des documents en système de base et comptes correspondants

Compte de résultat (en tableau)

[*Comptes*]	CHARGES	PRODUITS	[*Comptes*]
[60 à 65 et 681]	Exploitation	Exploitation	[70 à 75 et 781 et 791]
[66 et 686]	Financières	Financiers	[76 et 786 et 796]
[67 et 687]	Exceptionnelles	Exceptionnels	[77 et 787 et 797]
[691 et 695]	Participation… Impôts…		
Total des charges		Total des produits	
Bénéfice		Perte	
Total général[1]		Total général[1]	

(1) Total général des charges = Total général des produits.

Bilan avant répartition (en tableau)

[*Comptes*]	ACTIF(1)	PASSIF	[*Comptes*]
[2..]	**Immobilisé** – incorporel – corporel – financier	**Capitaux propres** – capital – réserves – RAN – résultat[2] – subventions d'investissement – provisions réglementées	[10., 11., 12., 13 et 14]
[3, 4 et 5] et [486 pour les CCA]	**Circulant :** – stocks et en-cours – av. et ac. versés – créances – VMP – disponibilités – CCA[4]	**Provisions**	[15..]
		Dettes : – emprunts – av. et ac. reçus – fournisseurs – fiscales/sociales – sur immobilisations – autres dettes – PCA[4]	[16., 4 et 5] et [487 pour les PCA]
[481 et 476]	Régularisations : – CAR – ECA	Régularisations : ECP	[477]
Total général[3]		Total général[3]	

(1) Trois colonnes doivent figurer : montant brut, amortissements et dépréciations et montant net.

(2) Si le résultat est une perte, il est précédé d'un signe – ou inscrit entre parenthèses.

(3) Total général Actif = Total général Passif.

(4) Les CCA et les PCA sont aussi des comptes de régularisations.

L'annexe

Définition	Comprend toutes les informations d'importance significative destinées à compléter et à commenter celles fournies par le compte de résultat et le bilan
Contenu	Comprend notamment des tableaux sur : l'actif immobilisé ; les amortissements et les dépréciations ; les provisions ; les échéances des créances et des dettes…
Mesure de simplification	Possibilité d'établir une annexe simplifiée si respect de deux des trois critères suivants : – total bilan ≤ 6 000 000 € ; – chiffre d'affaires net ≤ 12 000 000 € ; – effectif ≤ 50 salariés. Possibilité d'établir une annexe abrégée pour les personnes morales relevant du régime simplifié d'imposition

▶ Traitement d'un bénéfice dans la SA

- Dans les six mois de la clôture de l'exercice :

Bénéfice net de l'exercice (bénéfice après impôt)
– Report à nouveau de l'exercice précédent (s'il est débiteur)
– Dotation à la réserve légale
+ Report à nouveau de l'exercice précédent (s'il est créditeur)
– Dotations aux réserves statutaires
= **Bénéfice distribuable**
– Dividendes (intérêt statutaire + superdividende)
– Dotations aux réserves facultatives (autres réserves)
= **Report à nouveau créditeur ou nul**

Réserve légale	• Garantie des tiers dans les sociétés dont la responsabilité des associés est limitée • 5 % du bénéfice de l'exercice diminué des pertes antérieures reportées à nouveau • Cesse d'être obligatoire quand elle atteint 10 % du capital social total
Intérêt statutaire	• Taux de rémunération des capitaux apportés par les actionnaires fixé par les statuts • Actions intégralement libérées : **Nombre d'actions concernées × Valeur nominale de l'action × Taux d'intérêt statutaire** • Actions partiellement libérées : **Nombre d'actions concernées × Fraction libérée de la valeur nominale de l'action × Taux de l'intérêt statutaire** (× Prorata temporis éventuellement si la libération a eu lieu au cours de l'exercice)
Super-dividende	• Décidé par l'assemblée générale • Montant identique pour toutes les actions même partiellement libérées : **Nombre total d'actions × Montant unitaire du superdividende**

	30.06.N+1		
88/120	Résultat en instance d'affectation ou Résultat de l'exercice (Bénéfice)	X	
110_{N-1}	Report à nouveau créditeur de N–1	X	
119_{N-1}	Report à nouveau débiteur de N–1		X
1061	Réserve légale		X
1063	Réserves statutaires		X
1068	Autres réserves		X
457	Associés – Dividendes à payer		X
110_{N}	Report à nouveau créditeur de N		X
	Assemblée générale de l'exercice N		

- Mise en paiement des dividendes dans les neuf mois de la clôture de l'exercice.
- Les dividendes peuvent être versés sous forme d'acomptes avant la répartition sous conditions.
- Aucune distribution tant que les frais de constitution (compte 2011) ne sont pas amortis.

▶ Traitement d'une perte dans la SA

	30.06.N+1		
119	Report à nouveau débiteur de N–1	X	
88/129	Résultat en instance d'affectation ou Résultat de l'exercice (Perte)		X
	Assemblée générale de l'exercice N		

La perte peut être imputée sur les capitaux propres.

À la création d'une société

- Art. 1832 Code civil : « La société est instituée par deux ou plusieurs personnes qui conviennent par contrat d'affecter à une entreprise commune des biens ou leur industrie en vue de partager le bénéfice ou de profiter de l'économie qui pourra en résulter. Les associés s'engagent à contribuer aux pertes. »
- Les apports en argent, en nature ou en industrie, contribuent à la création d'une société.

Différentes catégories d'apports

Catégorie	Définition	Rémunération de l'associé
Numéraire	Apport d'une somme d'argent	Des actions ou des parts sociales
Nature	Apport de biens, autres que l'argent (immeuble…)	Des actions ou des parts sociales
Industrie (1)	Un associé met à disposition de la société ses connaissances techniques, son travail ou ses services	Versement d'une fraction du bénéfice

(1) Ces apports n'entrent pas dans la formation du capital social.

- Le montant du capital social correspond à la somme des apports en numéraire et en nature ou :

Capital = Nombre d'actions ou de parts sociales créées pour rémunérer les apports × VN de l'action ou de la part sociale

- La valeur nominale d'une action ou d'une part sociale est égale à sa valeur lors de la création de la société.

Aspects comptables

Promesses d'apport

- Les associés s'engagent à faire des apports à la société en création. La société a une créance sur ses associés.
- Les apports en numéraire peuvent être libérés par fraction selon le type de société : 1/2 dans les SA ; 1/5 dans les SARL.

	date		
45611	Associés – Apports en nature	X	
45615	Associés – Apports en numéraire (1)	X	
109	Actionnaires – Capital souscrit, non appelé (2)	X	
1012	Capital, souscrit, appelé, non versé		X
1011	Capital souscrit, non appelé (2)		X
	Création… avec libération partielle		

(1) Pour la fraction libérée uniquement.
(2) Fraction non appelée des apports en numéraire.

Réalisation des apports

Les associés apportent ce qu'ils ont promis.

	date		
2…	Comptes d'immobilisations (1)	X	
3…	Comptes de stocks et en-cours (1)	X	
4…	Comptes de tiers (1)	X	
5…	Compte de trésorerie (1)	X	
45611	Associés – Apports en nature		X
45615	Associés – Apports en numéraire (2)		X
	Création… réalisation des apports		

(1) Les apports sont enregistrés selon leur nature. Si certains apports sont grevés de dettes, les comptes de passif correspondants doivent être crédités.
(2) Pour la fraction libérée uniquement.

	date		
1012	Capital, souscrit, appelé, non versé	X	
1013	Capital souscrit, appelé, versé		X
	Création… état du capital social		

Appels de fonds ultérieurs

Ne concernent que les apports en numéraire.

	date		
45621	Actionnaires – Capital souscrit et appelé, non versé	X	
109	Actionnaires – Capital souscrit, non appelé[1]		X
	Appel de fonds		

(1) Pour la partie des apports en numéraire appelée.

	date		
1011	Capital souscrit, non appelé	X	
1012	Capital, souscrit, appelé, non versé		X
	Appel de fonds – état du capital social		

	date		
512	Banque	X	
45621	Actionnaires – capital souscrit et appelé, non versé		X
	Appels de fonds… versements		

	date		
1012	Capital, souscrit, appelé, non versé	X	
1013	Capital souscrit, appelé, versé		X
	Appel de fonds… état du capital social		

Frais de constitution et comptabilité

Méthode de référence	Inscription dans les comptes de charges par nature correspondant aux dépenses engagées (honoraires, publicité, droits…)
Autre méthode	Inscription dans le compte 2011 « Frais de constitution » et amortissement linéaire sur une durée maximale de 5 ans[1]

(1) Selon le Code de commerce, une société ne peut pas distribuer de dividendes à ses associés tant que ses frais de constitution ne sont pas totalement amortis.

▶ Augmentations de capital

En numéraire

- Règle de libération des apports en numéraire :

SA : 1/2 du nominal, le reste dans les 5 ans

SARL : 1/5 du nominal, le reste dans les 5 ans

- Prime d'émission (compte 1041) = Prix d'émission des titres – Valeur nominale. Elle doit être libérée intégralement.
- Droit préférentiel de souscription (DPS) = Valeur de l'action avant augmentation – Valeur de l'action après augmentation.

	date		
512	Banque	X	
4563	Associés - Versements reçus sur augmentation de capital(1)		X
	Recueil des fonds		

(1) Écritures identiques à celles de la constitution en cas de libération partielle des apports en numéraire.

	date		
4563	Associés - Versements reçus sur augmentation de capital	X	
1041	Prime d'émission		X
1013	Capital souscrit, appelé, versé		X
	Augmentation de capital		

Par incorporation de réserves

- Réserves pouvant être incorporées = Toutes les réserves et les primes liées au capital.
- Deux modalités :
  - par création d'actions ou de parts sociales gratuites : la valeur nominale de l'ensemble des titres constituant le capital social reste inchangée ;
  - par augmentation du nominal des titres (plus rare), leur nombre avant et après augmentation restant identique.
- Droit préférentiel d'attribution (DPA) = Valeur de l'action avant augmentation – Valeur de l'action après augmentation.

	date		
10.	Primes (compte 104) et/ou Réserves (106)	X	
1013	Capital souscrit, appelé, versé		X
	Augmentation de capital		

Frais d'augmentation de capital

	Traitement comptable	Schéma de comptabilisation
Option 1	Imputation sur la prime d'émission	• Débit : 1041 Prime d'émission • Crédit : compte de trésorerie
Option 2	Comptabilisation à l'actif avec un amortissement linéaire sur 5 ans(1)	• Débit : 2013 Frais d'augmentation de capital • Crédit : compte de trésorerie (ou compte 72 « Production immobilisée » si les dépenses ont été initialement passées en charges)
	Inscription dans les comptes de charges par nature correspondant aux dépenses engagées	• Débit : comptes de charges par nature concernés • Crédit : compte de trésorerie

(1) Une société ne peut pas distribuer de dividendes tant que ses frais d'augmentation ne sont pas complètement amortis sauf s'il existe à son bilan des réserves libres (non obligatoires) d'un montant au moins égal au montant des frais restant à amortir.

GROUPE DE SOCIÉTÉS 21

Groupe et comptes consolidés

Groupe	Ensemble de plusieurs sociétés ayant chacune une existence juridique propre mais qui sont soumises à une unité de direction
Comptes consolidés	• Reprennent l'ensemble des comptes sociaux des sociétés incluses dans le périmètre selon des méthodes et avec certains retraitements • Fournissent une image globale et unique de l'activité du groupe de sociétés (patrimoine, endettement, chiffre d'affaires, résultat...) • Obligatoire pour les sociétés commerciales exerçant un contrôle ou une influence sur d'autres sociétés[1]
Référentiel comptable	• Référentiel IFRS pour les sociétés dont les titres sont admis à la négociation sur un marché réglementé • Règlement CRC 99-02 ou référentiel IFRS pour les autres sociétés cotées ou non

(1) Existence d'une dispense pour les sociétés dont les titres ne sont pas admis à la négociation sur un marché réglementé, soit sous condition de contrôle, soit sous conditions de seuils financiers.

Périmètre de consolidation

- Fixe les sociétés à inclure dans les comptes consolidés sur lesquelles la société mère « consolidante » exerce directement ou indirectement un contrôle ou une influence.
- Le contrôle ou l'influence est indirect lorsqu'il intervient par le biais d'une société interposée.

<table>
<tr><td rowspan="4">Contrôle exclusif</td><td colspan="2">Détention de la direction des politiques financières et opérationnelles d'une entreprise (filiale selon les IFRS) pour tirer avantage de ses activités</td></tr>
<tr><td>De droit</td><td>Détention de la majorité des droits de vote par rapport à l'AGO</td></tr>
<tr><td>De fait</td><td>• Désignation de la majorité des membres des organes de direction pendant deux exercices successifs
• Présumée si les droits de vote détenus sont ≥ à 40 %</td></tr>
<tr><td>Contractuel</td><td>Influence dominante en vertu d'un contrat ou de clauses statutaires (sans détenir nécessairement d'actions ou de parts)</td></tr>
<tr><td>Contrôle conjoint</td><td colspan="2">Partage du contrôle d'une entreprise exploitée en commun par un nombre limité d'associés ou d'actionnaires (partenariat selon les IFRS)</td></tr>
<tr><td>Influence notable</td><td colspan="2">• Pouvoir de participer aux politiques financières et opérationnelles d'une entreprise sans en détenir le contrôle (entreprise associée selon les IFRS)
• Présumée si les droits de vote sont ≥ 20 %</td></tr>
</table>

- Repose sur le calcul du **pourcentage de contrôle** qui détermine également la méthode de consolidation à retenir :

$$\frac{\text{Somme des droits de vote détenus directement et/ou indirectement par la société mère sur une société du groupe}}{\text{Total des droits de vote de cette société}}$$

Méthodes de consolidation

• Lien contrôle-méthode

Contrôle exclusif	→	Intégration globale
Contrôle conjoint	→	Intégration proportionnelle[1]
Influence notable	→	Mise en équivalence

(1) Cette méthode n'existe pas en IFRS.

- **Pourcentage d'intérêts** : représente les droits de la société mère sur les bénéfices et les actifs de la société contrôlée :

$$\frac{\text{Fraction de capital détenue directement et/ou indirectement}^{(1)}\text{ par la société-mère sur une société du groupe}}{\text{Total des droits à dividendes de cette société}}$$

(1) Calcul nécessitant une multiplication et non une addition par différence avec la détermination du pourcentage de contrôle.

- **Intégration globale** : élimination des titres de participation et constatation des droits financiers du groupe (% d'intérêt) dans les capitaux propres de la filiale. Méthode globale nécessitant de constater les droits des associés hors groupe dans les capitaux propres (intérêts minoritaires) de la filiale.

	31.12.N		
101. F	Capital filiale (F)	X	
106. F	Réserves filiale (F)	X	
120. F	Résultat filiale (F)	X	
261. G	Titres de participation du groupe (G)		X
106. G	Réserves consolidées du groupe (G)		X
120. G	Résultat consolidé du groupe (G)		X
10... G	Intérêts minoritaires au groupe (G)		X
	Écriture de bilan		

Réserves consolidées	[(Capital filiale + Réserves filiale) × % d'intérêts du groupe] – Valeur des titres de participation
Résultat consolidé	Résultat filiale × % d'intérêts du groupe
Intérêts minoritaires	[(Capital filiale + Réserves filiale + Résultat filiale) × (1 – % d'intérêts du groupe]

- **Intégration proportionnelle** : identique à l'intégration globale mais caractérisée par l'absence d'intérêts minoritaires compte tenu de la proportionnalité de reprise des comptes.
- **Mise en équivalence** : substitution de la valeur des titres de participation par la quote-part (% d'intérêts) du groupe dans les capitaux propres de l'entreprise associée.

Étapes du processus de consolidation

1. Retraitements préalables (homogénéisation des méthodes) des comptes sociaux des entreprises du périmètre[1][2]
2. Cumul et reprise des comptes sociaux de la société mère et des entreprises du périmètre[1]
3. Retraitements postérieurs (élimination des opérations réciproques et des résultats internes) des comptes repris[1][2]
4. Consolidation des entreprises selon la méthode appropriée[1][2]
5. Documents de synthèse consolidés

(1) Les comptes d'une entreprise associée ne sont pas repris. Les retraitements sont par contre pris en compte pour déterminer la valeur des titres de participation mis en équivalence.
(2) La consolidation s'effectue par des écritures ou des tableaux.